Als ich Vater
wurde,
habe ich Gott
verstanden.

(Honoré de Balzac)

Susanne Fröhlich
Constanze Kleis

Bilder und Gestaltung
Katja Clos

ALLES über meinen Vater

KRÜGER

Inhalt

Intro

Alles Vater!

Er bringt uns das Schwimmen bei, wie man einen Schneemann baut, das Fahrradfahren – sogar freihändig – aber nur, wenn die Mutter gerade nicht hinschaut. Allein von unseren Vätern lernen wir Pfeifen durch die Finger, dass das Leben leider kein Ponyhof ist, Mädchen mindestens bis zur Vollendung ihres 50sten Lebensjahres eigentlich spätestens um 21 Uhr daheim sein sollten und Jungs an zwei aufgeschlagenen Knien aller Voraussicht nach nicht sterben. Väter sind Helden, Ansporn, Glück, Geldverdiener, Zentral-Gestirn, Beschützer, Abenteurer, Trost, Motor, Bremse, Antrieb – alles in einem. Manchmal aber sind sie auch bloß Randerscheinungen, Gelegenheitsgast oder gleich ganz abwesend. Aber gerade dann werden sie auch und gerade dafür geliebt, dass man sie mehr vermissen kann als sonst was in seinem Leben. Kurz: Väter gibt es in mindestens so vielen Erscheinungsformen, wie VW Modelle auf den Markt gebracht hat. Eines ist aber – bei allen Unterschieden – allen gemeinsam: Wir wissen zu wenig über sie. Das liegt unter anderem daran, dass Väter neben allem anderen eben immer auch Männer sind und die sprechen nicht gern. Jedenfalls nicht über sich, nicht über ihre Gefühle, Schwächen, Sehnsüchte, Bedürfnisse und Wünsche. Deshalb bekommen Väter andauernd Krawatten geschenkt. Und deshalb ist es höchste Zeit, dass sie uns einmal schriftlich all die Fragen beantworten, die wir ihnen schon immer einmal stellen wollten, um mehr über den wichtigsten Mann in unserem Leben zu erfahren. Zum Beispiel, warum er eigentlich nicht Eisverkäufer geworden ist, welche Träume er hatte, als er so alt war wie wir, und was er noch von seinem Vater gelernt hat, außer, dass wer den Tisch bezahlt hat, unter den Kinder ihre Füße stellen, immer der Bestimmer ist.

Alle Väter sind Söhne

Biographisches

Alle Väter waren einmal Söhne und wissen also aller Wahrscheinlichkeit nach aus Erfahrung, wie es sich anfühlt, mit einem Menschen zu leben, der in vielen Bereichen eine beunruhigende Ähnlichkeit mit Gott aufweist: Mächtig genug, einem die ganze Welt zu Füßen zu legen, aber auch in der Lage, ein paar empfindliche Strafen zu verhängen. „Taschengeld kannst du erst mal vergessen!". Oder „Ab morgen Hausarrest – bis du 30 bist!". Sie haben als Söhne vor uns erlebt, wie viel man von einem Vater fürs Leben lernt: Fahrradreifenflicken, Schwimmen, Flaschen mit den Zähnen öffnen, sich mit Frauen verstehen und wie man es schafft, sich vor den doch sehr feuchten Küssen von Großtante Gerlinde zu drücken – „Sag einfach, du hast dir eben gerade einen Regenwurm in den Mund gesteckt!". Nicht zu vergessen all die nützlichen Informationen, die man sicher irgendwann mal prima brauchen wird, sollte man einmal Kandidat bei „Wer wird Millionär?" werden: also beispielsweise alle Hauptstädte Europas nebst den fünf größten Seen (Ladogasee, Onegasee, Vänern, Saimaasee, Peipussee) und den Durchmesser der Erde (12700 Kilometer). Vermutlich haben die meisten Väter in ihrer Kinderzeit auch jene beißende kindliche Ohnmacht erfahren, die sich einstellt, wenn ein Vater einen nicht verstehen mag. Dass die Schule – jedenfalls eine Weile lang – nicht das Wichtigste im Leben ist, wieso Frisuren Privatsache sind, ganz egal, wie viel Aufsehen man damit in der Öffentlichkeit erregt und dass Sportsachen – jedenfalls die richtigen – etwa zehn Mal mehr kosten als seinerzeit, als (ja, ja) der Vater noch im geflickten Baumwolleibchen zum Turnen ging, um dort – natürlich – olympiareife Leistungen zu vollbringen. Logisch eigentlich, dass auch der Vater, als er Sohn war, rebellieren und nach Kräften am Thron des ihm vorgesetzten Herrschers sägen musste. Schon um den Plan der Natur zu erfüllen, der vorsieht, Väter extrem nervig zu finden, ganz egal, wie gut sie es meinen, wenn sie einen in Kunstausstellungen schleppen, einem „gute" Bücher hinlegen oder wollen, dass man „was Ordentliches" wird, also am besten dasselbe, womit Vater seine Brötchen verdient. So oder so ähnlich müssen die Erfahrungen unserer Väter als Kinder wohl ausgesehen haben. Genau wissen wir es leider nicht. Es fehlen uns die Details aus jener Zeit, als Vater selbst noch Sohn war und sich bisweilen all die Fragen stellte, die er nun beantworten soll. Auch um zu verstehen, weshalb er ist wie er ist, und damit auf Väter nicht mehr länger zutrifft, was Mr. Spock einmal zu Captain Kirk sagte: „Es ist Leben, Jim – aber nicht so, wie wir es kennen!"

1 Was ist deine früheste Erinnerung?

Wer hat dich ins Bett gebracht, als du klein warst? **2**

Bekamst du vorgelesen? An welche Geschichte erinnerst du dich besonders? **3**

4 Dein Lieblingsessen als Kind?

I

II

III

IV

V

VI

VII

5 Wer hat deinen Namen ausgesucht?

6 Hattest du einen Spitznamen?

7 Was fandest du als Kind vollkommen ungenießbar?

Musstest du es trotzdem essen?

8

FIDO

I

II

III

IV

V

VI

VII

9

Warst du eher Mamas oder Papas Liebling?

10

Wenn du die Chance hättest, noch einmal einen Tag aus deiner Kindheit zu erleben. Welcher wäre das?

11

Welchen Tag deiner Kindheit und Jugend würdest du am liebsten aus deiner Erinnerung streichen?

12

Das schönste Geschenk, das du jemals zu einem Geburtstag oder zu Weihnachten bekommen hast?

I

II

III

IV

V

VI

VII

Was hast du dir vergeblich gewünscht?

13

14

Hattest du manchmal Angst vor deinem Vater? Warum?

Ein Spielzeug, das dir in deiner Kindheit am meisten am Herzen lag?

15

Was war für dich die schlimmste Strafe?

16

I

II

III

IV

V

VI

VII

17

Wer war strenger? Dein Vater oder deine Mutter?

18

Deine vier besten Freunde aus deiner Schulzeit?

19

Drei Dinge, mit denen ihr euch am liebsten die Freizeit vertrieben habt?

20

Hast du gern Sport gemacht? Welchen?

I

II

III

IV

V

VI

VII

Drei Helden aus deiner Kindheit:

21

22

Warst du eher ein Draufgänger oder ein Stubenhocker?

Was hat dein Vater am liebsten gemacht?

23

24

Aus der Verwandtschaft: Welcher Mensch stand dir sehr nahe und warum?

II

III

IV

V

VI

VII

25

Womit konntest du deinen Vater am schnellsten auf die Palme bringen?

Deine Mutter?

26

27

Drei positive und drei negative Eigenschaften deines Vaters:

28

Deiner Mutter:

I

II

III

IV

V

VI

VII

Wie verlief ein typischer Sonntag deiner Kindheit?

29

Was konntest du richtig gut als Kind?

30

31

Kannst du dich noch an deinen ersten Berufswunsch erinnern?

Hat dein Vater dir gezeigt, womit er sein Geld verdient?

32

I

II

III

IV

V

VI

VII

Eine Aktivität, die du nur mit deinem Vater geteilt hast?

33

34

Musstest du im Haushalt helfen?

35

Wer hat dir das Fahrradfahren beigebracht?

36 **Wie wurdest du aufgeklärt?**

Hast du deine Eltern jemals nackt gesehen?

37

38

Haben sich deine Eltern auch mal vor dir geküsst oder umarmt?

39

Drei Dinge, die dich zum Heulen gebracht haben?
(Ich weiß, dass du geheult hast . . .)

Wer bestimmte, wie du deine Haare zu tragen hattest?

40

I

II

III

IV

V

VI

VII

41 Welche Aufgaben hat dein Vater im Haushalt übernommen?

42 Was an deiner Mutter hat dir am meisten imponiert?

43 Hast du gern gesungen? Oder gemalt?

44 Was gehörte zu einem Weihnachtsfest deiner Kindheit?

I

II

III

IV

V

VI

VII

45

Wenn du ein Superheld hättest sein können – wer wärst du gewesen?

46

Gibt es etwas aus deiner Kindheit, das dir lieb und teuer war und das sich immer noch in deinem Besitz befindet?

NARVA

47

Wer hat den Baum geschmückt?

LICHTKETTE

48

Das Nützlichste, das du von deinem Vater gelernt hast?

I

II

III

IV

V

VI

VII

Welche Erfahrung aus deiner Kindheit wolltest du deinen Kindern auf jeden Fall ersparen?

49

50

Wofür hast du deinen Vater geliebt?

51

Wofür hast du ihn manchmal gehasst?

52

Das Netteste, das deine Mutter jemals für dich getan hat?

Fünf Fragen, die du deinem Vater gern stellen würdest?

53

Fünf Fragen, die du deiner Mutter gern stellen würdest?

54

Hast du dir manchmal nachts Gedanken gemacht, was unter deinem Bett ist oder in deinem Schrank?

55

56

**Hattest du ein Kuscheltier?
Wie hieß es?
Was ist aus ihm geworden?**

II

III

IV

V

VI

VII

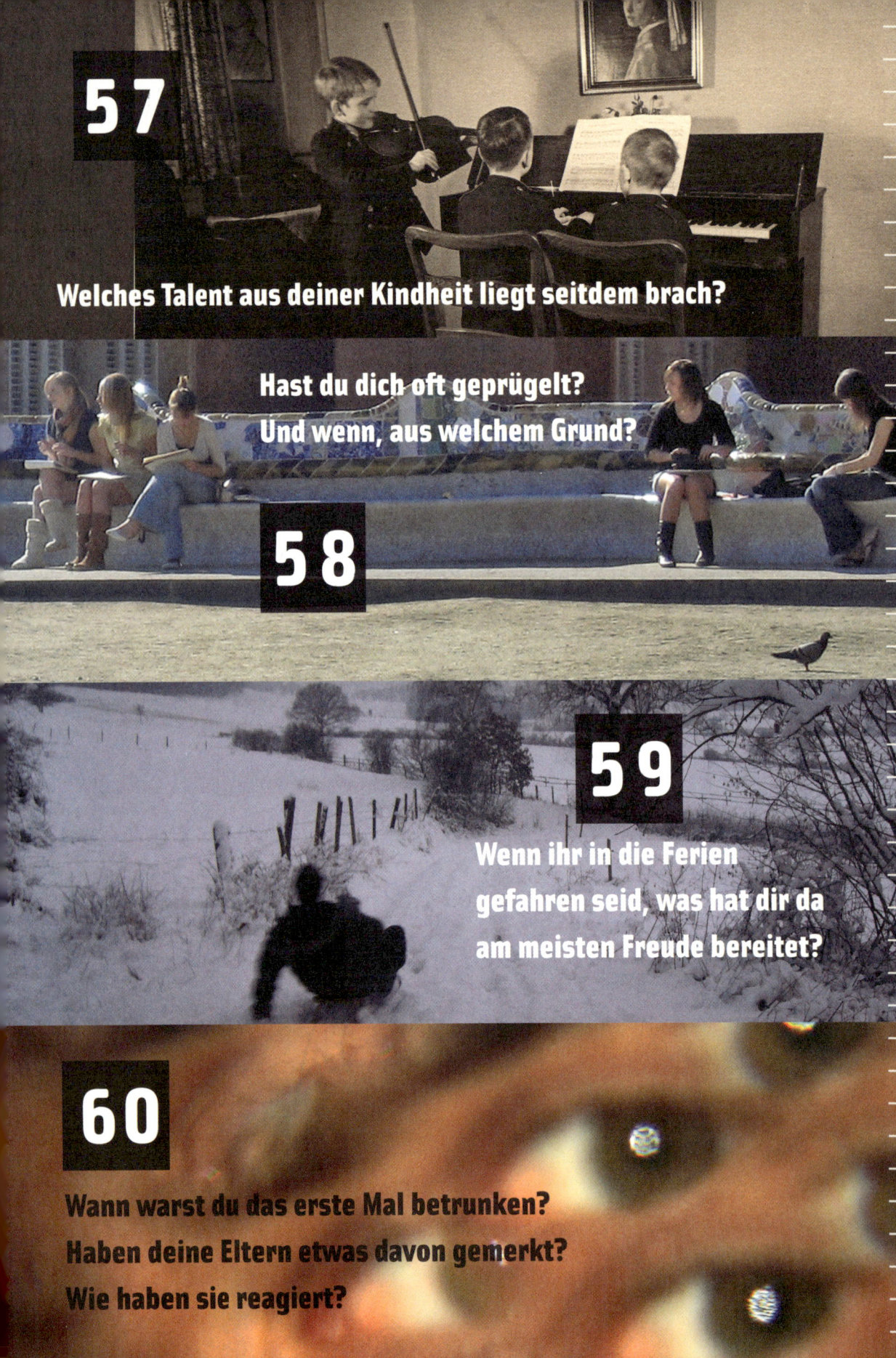

57

Welches Talent aus deiner Kindheit liegt seitdem brach?

Hast du dich oft geprügelt?
Und wenn, aus welchem Grund?

58

59

Wenn ihr in die Ferien
gefahren seid, was hat dir da
am meisten Freude bereitet?

60

Wann warst du das erste Mal betrunken?
Haben deine Eltern etwas davon gemerkt?
Wie haben sie reagiert?

I

II

III

IV

V

VI

VII

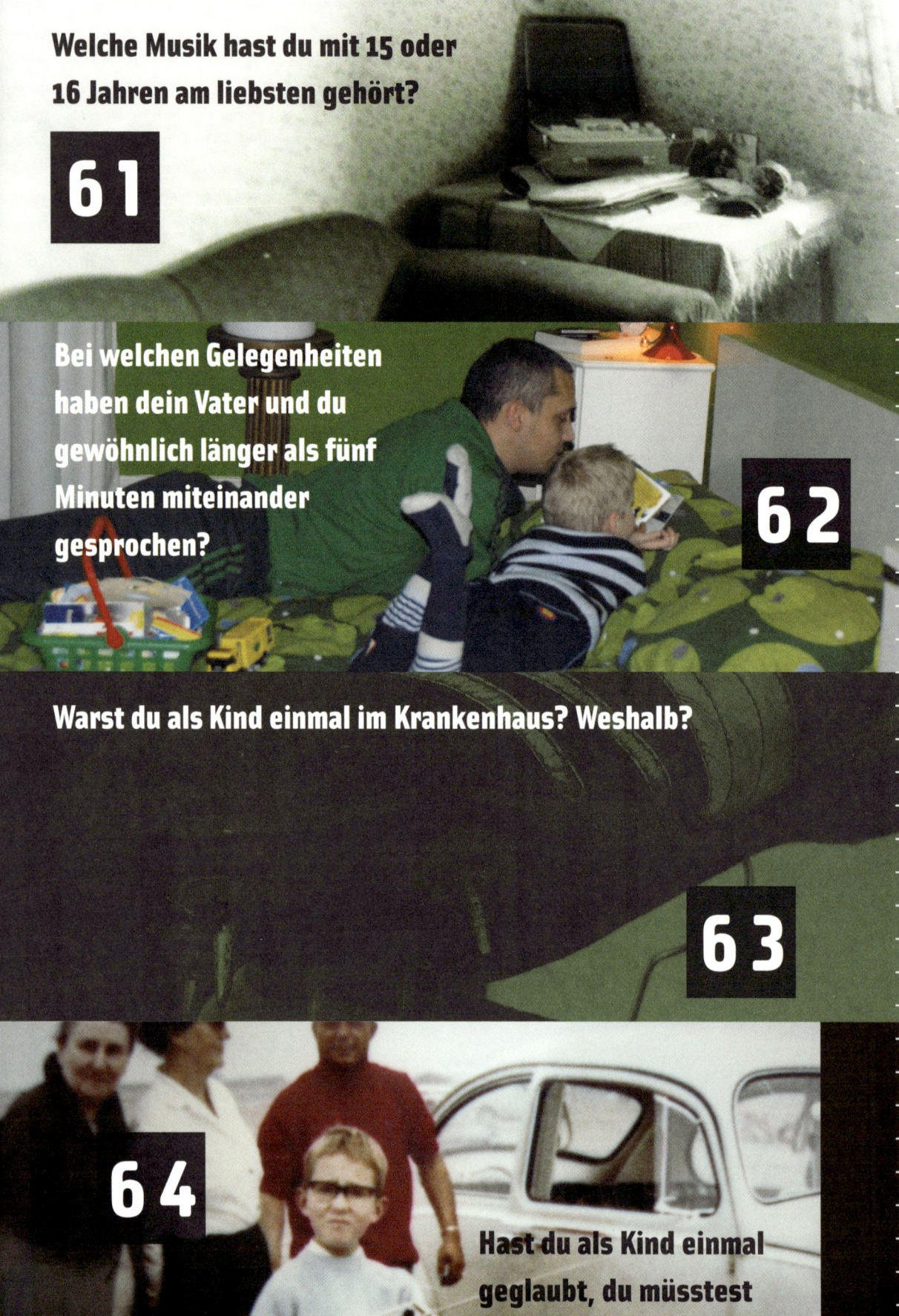

Welche Musik hast du mit 15 oder 16 Jahren am liebsten gehört?

61

Bei welchen Gelegenheiten haben dein Vater und du gewöhnlich länger als fünf Minuten miteinander gesprochen?

62

Warst du als Kind einmal im Krankenhaus? Weshalb?

63

64

Hast du als Kind einmal geglaubt, du müsstest adoptiert sein?

II

III

IV

V

VI

VII

65

Wenn du deinen Eltern heute einen Tipp geben könntest, was sie hätten unbedingt unterlassen sollen in deiner Kindheit, weil es so schlimm, so langweilig oder so sinnlos war – was wäre das?

66

Was glaubst du, womit hast du deinen Vater, deine Mutter am meisten stolz gemacht?

67

Der erste Kinofilm, den du gesehen hast?

68

Welches war dein erstes Konzert?

I

II

III

IV

V

VI

VII

Welches Spiel hast du als Kind am liebsten gespielt?

69

Hattest du einen Ort, an dem du ganz für dich allein warst?

70

Gingen deine Eltern auch mal allein aus, als du klein warst?

71

72

Kannst du dich an einen Moment totaler Geborgenheit erinnern?

I

II

III

IV

V

VI

VII

Daddy´s Dearest I

Sollte die Erde eines fernen Tages tatsächlich Opfer einer globalen Katastrophe werden, wird es ganz sicher ein Vater sein, der das letzte Wort hat. Dann wird er sagen: „Aus Schaden wird man klug!" Oder: „Was du heute kannst besorgen, das verschiebe nicht auf morgen." Oder: „Den Letzten beißen die Hunde!" – und wir werden denken: Ja, er ist schrecklich, dieser Weltuntergang, aber wenigstens werden wir nie mehr ein „Der frühe Vogel fängt den Wurm!" oder „Morgenstund' hat Gold im Mund!" hören müssen. Hier eine kleine Auswahl all der Väterweisheiten, denen man offenbar so wenig entgehen kann wie dem täglichen Sonnenaufgang. Egal, ob als Vater oder als Kind:

Eigenlob stinkt

Es ist nicht alles Gold, was glänzt

Hochmut kommt vor dem Fall

In der Not frisst der Teufel Fliegen

Ist die Katze aus dem Haus, tanzen die Mäuse auf dem Tisch

Spare in der Zeit, dann hast du in der Not

ÜBUNG MACHT DEN MEISTER

Was Hänschen nicht lernt, lernt Hans nimmermehr

Wer im Glashaus sitzt, sollte nicht mit Steinen werfen

Wer zuerst kommt, mahlt zuerst

ZWEIMAL FALSCH IST NICHT EINMAL RICHTIG

Der Spatz in der Hand ist die Leberwurst des kleinen Mannes

Den Letzten beißen die Hunde

Auch ein blindes Huhn findet mal ein Korn

Messer, Gabel, Schere, Licht sind für kleine Kinder nicht

Hartes Brot ist nicht hart, gar kein Brot, das ist hart

Es gibt kein schlechtes Wetter, nur unpassende Kleidung

Der Ball ist rund und das Spiel dauert 90 Minuten

Daddy's

Die Lieblingsweisheiten deines Vaters?

73

Dearest 1

I

II

III

IV

V

VI

VII

Den Schlüssel haben wir
und Mutti
das Schloss

Vaters Tag

Spätestens eine Woche vor Christi Himmelfahrt fängt es an: „Was machst du denn am Vatertag?", wird man von allen Seiten gefragt. Als müsste man sich – bloß weil man es als Mann zu mindestens einem Kind gebracht hat – etwas Außerordentliches vornehmen, etwas, das diesen Tag erstens von den restlichen unterscheidet und das zweitens irgendeine sinnvolle Verbindung zum Vatersein aufweist. Das strengt ziemlich an. Beinahe versteht man, dass Väter jahrzehntelang regelmäßig unter der Last des Erwartungsdrucks zusammenbrachen und an diesem einen Tag mehr tranken als an jedem anderen des Jahres. Gern draußen in der Natur und mit ihresgleichen. Vermutlich aus Rücksichtnahme auf die Nerven der Frau, die Polstergarnitur, den Teppichboden und weil andere Väter nicht sagen „Deine Hose steht offen!" oder „Da hängt Erbrochenes an deinem T-Shirt" oder „Denk an deine Galle!" Außerdem nahm alle Welt offenbar an, dass eine der allergrößten Anstrengungen beim Vatersein darin besteht, sich das Über-die-Stränge-Schlagen, das Kampfsaufen und Komatrinken, das Sich-in-der-Öffentlichkeit-zum-Idioten-Machen zu verkneifen und es also das schönste Geschenk für einen Mann ist, ihm das alles einmal im Jahr ganz offiziell zu erlauben. Schöner jedenfalls als das Frühstück am Bett oder den Restaurantbesuch, für die sich Mütter am Muttertag auch noch als so dankbar erweisen müssen, als hätte man ihnen gerade eine Niere gespendet.

Ob allerdings die Amerikanerin Sonora Smart Dodd an Männergruppen in Schlafanzügen und Zipfelmützen gedacht hat, die mit Bollerwagen, Bierfässchen und Schwenksteaks johlend durch die Wälder ziehen, als sie 1909 die Idee eines „Father's Day" aufbrachte, mag bezweifelt werden. Sie wollte eigentlich ihren Vater William Jackson Smart, einen Bürgerkriegsveteranen ehren, der nach dem Tod seiner Frau, die bei der Geburt ihres sechsten Kindes starb, den Nachwuchs allein großzog. Nachdem Sonora Smart Dodd in einem Gottesdienst gehört hatte, dass es einen Muttertag gab, schlug sie vor, den fünften Juni, den Geburtstag ihres Vaters, zum Vatertag zu machen.

Festgelegt wurde schließlich jeweils der dritte Sonntag im Juni, der erste offizielle Vatertag am 19. Juni 1910 in der Heimatstadt der Mutter des Vatertags, in Spokane, Washington, begangen. Danach dümpelte er eine Weile ohne große Beachtung vor sich hin, bevor Präsident Calvin Coolidge die Idee 1924 schon mal offiziell für gut befand. Danach vergingen noch einmal 48 Jahre, ehe Nixon ihn in den Rang eines „national beachtenswerten Tags" erhob. Vermutlich dauerte es so lange, weil sich recht schnell herausstellte, dass mit Vätern kaum ein Geschäft zu machen war. Jedenfalls keines, in dem sentimentale Grußkarten, Blumen und Gedenk-Nippes die Hauptrollen spielen. Erst als sich „The Associated Men's Retailers of New York City" der Sache annahmen und mit dem Slogan „Give Dad something to wear!" (Gebt Vater etwas zum Anziehen) der Krawatte den Weg auf den Gabentisch ebneten, wurde der Vatertag interessant. Jedenfalls für die Wirtschaft – die sich allein in den USA angeblich über jährlich 100 Millionen verkaufte Krawatten zum Vatertag freuen darf. Obwohl die amerikanischen Väter damit allen Grund hätten, ihren Kummer über soviel Fantasielosigkeit in Alkohol zu ertränken, nutzen sie diesen Tag – bislang vorwiegend nüchtern – um etwas mit ihren Kindern zu unternehmen.

Haltloses Saufen am Vatertag – das ist wieder mal einer der vielen deutschen Sonderwege. Eingeschlagen wurde er Anfang des letzten Jahrhunderts, als der Vatertag im Berliner Raum das erste Mal hierzulande auftauchte und die legendäre „Herrenpartie" als Trinkgelegenheit ablöste, die wiederum ihren Ursprung in den sogenannten „Flurumgängen" gehabt haben soll. Die Bauern erbaten sich damit den Segen für eine gute Ernte. Grundbesitzer waren an diesem Tag gehalten, ihren Besitz zu umrunden. So kamen die Väter also 40 Tage nach der Auferstehung Christi in die Natur, an die Flasche und dazu, die Unfallstatistiken zuverlässig zu verdreifachen (und damit die Zahl der Väter zu dezimieren). Allerdings wirkt das organisierte Rudel-Besäufnis heute, wo jeder 14-Jährige dank Flatrate-Saufen mehr verträgt als Harald Juhnke zu seinen besten Zeiten und 16-Jährige schon mehr Drogenerfahrung haben als Uschi Obermeier, ungefähr so zeitgemäß wie Eierlikör und Sockenhalter. Womit auch die letzte Möglichkeit, den Vatertag von allen anderen Tagen zu unterscheiden, hinfällig wäre und wir weiterhin vor der Frage stehen: Was tun an diesem Tag? Man könnte ihn der Leber stiften, die ihn nach all den feuchtfröhlich-strapaziösen Vatertagsausflügen mehr als verdient hätte. Aber die hat schon ihren Tag, ebenso wie die Niere und sogar die Füße. Kein Wunder, wenn manche Väter in ihrer Bedrängnis den Grill im Vorgarten aufstellen und ein Fässchen Bier dazu. Es ist schließlich auch Christi Himmelfahrt – also ein Feiertag. So oder so.

7 4

10 Dinge, die deiner Meinung nach einen guten Vater ausmachen:

10 Dinge, die man garantiert nie von seinem Vater zu hören bekommt:

Hier hast du den Autoschlüssel – und lass deine Freunde auch mal ans Steuer.

Triff dich ruhig mit diesem 18-Jährigen, den sie gerade von der Schule verwiesen haben. Der sieht richtig interessant aus mit all den Piercings und Tattoos und als Kleindealer verdient man sicher eine Menge Geld.

Ich mag deine Freunde.

Klar freue ich mich, dass ich Großvater werde. Die Schule kannst du ja später noch fertig machen.

Ein guter Joint hat noch niemandem geschadet.

Sitzen geblieben? Deine Lehrer haben doch keine Ahnung!

Klar könnt ihr im Sommer durch Bolivien trampen.

Hier hast du deine eigene Kreditkarte.

Wenn wir deinen Schreibtisch aus dem Kinderzimmer nehmen, passt der Großbildfernseher super rein.

Eine Sechs in Mathe – das ist doch kein Drama. Wozu brauchst du einen Schulabschluss, du hast doch mich.

Vater werden

Wie man Vater wird

Vater werden ist leicht. So leicht, dass es sogar Lothar Matthäus und Horst Seehofer irgendwie geschafft haben, sich fortzupflanzen. Vermutlich weil man, wie das Beispiel von Boris Becker zeigt, dazu kaum mehr benötigt als eine Frau und allenfalls noch einen Besenschrank. Manchen genügt auch ein Teppichlager oder ein Büroschreibtisch. Nicht einmal volljährig muss man sein und kann – wie Anthony Quinn mit seinen 81 Jahren beweist – sogar noch Nachwuchs zeugen, wenn man sich kaum noch an den eigenen Namen erinnert. Das hat die Natur klug eingerichtet. Denn wer weiß, wie es um den Fortbestand der Menschheit bestellt wäre, müssten Männer vorher erklären können, wie der weibliche Zyklus funktioniert, danach ein Fünf-Gang-Menü kochen und ein Zeit-Kreuzworträtsel lösen (und wären umgekehrt Frauen aufgefordert, erst einmal eine Mathematikaufgabe mit zwei Unbekannten zu lösen und ein verstopftes Klo zu reparieren). Vermutlich gäbe es gerade noch genug Bevölkerung im Lande, um eine Bridgerunde am Laufen zu halten. Da aber Befruchten und Zeugen nicht nur leicht ist, sondern auch noch – drei Sekunden Minimum – Spaß bringt, braucht man sich über die Zukunft der Deutschen keine Sorgen zu machen. Viele halten es nämlich mit Groucho Marx, der einmal sagte, er möge zwar keine Kinder, „aber ich liebe es, welche zu machen!". Um potenzielle Anwärter auf biologische Vaterschaft braucht man also nicht zu fürchten. Zumal in Zeiten von Samenbanken. Die ja noch dafür bezahlen, dass man sein Erbgut großzügig verstreut.

Ganz anders sieht es aus, beschäftigt man sich mit der Frage, wie man Vater IST, wenn man also sozusagen einen biographischen Aufsichtsratsvorsitz und damit lebenslange Verantwortung übernommen hat. Schließlich qualifiziert bloß das Weitergeben von Erbgut einen Mann so wenig zum Vater, wie der Besitz eines Klaviers einen zum Pianisten macht. Dazu braucht es mehr. Zum Beispiel die Fähigkeit, wider jede Vernunft für etwas in haltlose Liebe zu entflammen, das aussieht wie eine hawaiianische Garnele und laut Auskunft des Gynäkologen ein Fötus in der dritten Woche sein soll. Oder wenn sich plötzlich etwas in ein Männerleben schleicht, das dort bislang so viel Platz hatte wie Bauchtanz und Julio Iglesias: Nervenzehrende Fragen wie: „Werde ich mein Kind beschützen können?", „Werde ich ein guter Vater sein?", „Wie soll ich das alles finanzieren?", „Wird mein Kind stolz auf mich sein?", „Werde ich alle Erwartungen erfüllen, die ich selbst an mich stelle?", „Hoffentlich mache ich nicht dieselben Fehler wie mein Vater", „Werde ich je wieder Sex haben?", Und: „Mein Gott, ich werde doch nicht gleich heulen!", bloß weil das Kind dem Papa einen selbst angemalten Kleiderbügel schenkt. So wird man Vater. Ganz egal, ob man sein Kind selbst gemacht hat oder nicht.

Wozu Väter?

Wozu Väter?

Blöde Frage eigentlich. Schließlich kann man so einen Vater schon im Kreißsaal bestens gebrauchen. Einer muss der Frau ja sagen, wie sie atmen muss, der Hebamme, wie sie ihre Arbeit machen soll, und nebenbei noch den Camcorder bedienen, um das Ereignis lückenlos zu dokumentieren. Auch später ist so ein Vater sehr nützlich. Beispielsweise kann er die Gäste, die bald in Scharen eintreffen werden, um das neue Baby zu bestaunen, schon an der Tür mit den wichtigsten Daten versorgen: „7 Stunden, 50 Zentimeter, 3650 Gramm, Dammschnitt, Stillen klappt – Kaffee oder Tee?" Praktisch außerdem, dass man mit einem Vater nicht wie mit anderen Müttern um den Titel „aufsehenerregendste Niederkunft seit der Geburt Jesu Christi und Diego Pooth-Feldbusch" erst noch heftig und unter Verwendung sämtlicher blutiger Details konkurrieren muss. Nur einem Vater kann man täglich mit Fug und Recht vorwerfen, er hätte ja nicht mal den Hauch einer Ahnung, wie schmerzhaft so eine Geburt sei. Nein, nicht mal wenn man die Pein berücksichtigt, die ein Mann ertragen muss, klemmt er sich gelegentlich seinen Penis im Reißverschluss ein.

Vor allem aber braucht man Väter, damit einer die Nerven behält. Die Frau schafft das ja meistens nicht. Vor allem, wenn es darum geht, Prioritäten zu setzen. Sich also zwischen Stress und Entspannung zu entscheiden. Nur Vätern gelingt es, die Spielzeugberge im Wohnzimmer, den Abwasch in der Küche, die Schmutzwäsche im Keller und den Kaugummi im Haar ihres neunjährigen Sohnes gelassen zu übersehen und sämtliche Prinzipien gesunder Ernährung und vernünftiger Erziehung einem Nachmittag mit zwei Tiefkühlpizzen (Salami!) und einem Liter Cola zu opfern. Vor dem Fernseher, in dem natürlich nicht etwas pädagogisch Wertvolles wie „Emil und die Detektive", sondern „Die große Schlacht um Mittelerde" läuft. Väter sind es, die ihr Kind so hoch in den Himmel werfen, dass es ganz nahe dran ist, der erste Mensch auf dem Mars zu werden, die bei „Camping" an Lagerfeuerromantik und nicht an Nierenbeckenentzündung und Durchfallerkrankungen denken und die ihr Kind, nachdem es sich bei einem Sturz beide Knie aufgeschlagen hat, ganz cool wieder aufs Fahrrad setzen, statt – wie Mütter – zu reagieren, als hätte es nur knapp eine Flugzeugkatastrophe überlebt. Väter sind der perfekte Ausgleich zum mütterlichen Sicherheitsdenken, selbst wenn das bedeutet, dass man frühzeitig taub wird, weil Vati beim Besuch der Formel 1 leider vergessen hat, an Hörschutz für seine Kinder zu denken.

So wird man – mit Vaters Hilfe – auch als Erwachsener nicht gleich heulen, bloß weil der Kollege den besseren Parkplatz hat (jedenfalls nicht, solange jemand zuschaut) und auch mal ein größeres Risiko eingehen, als seine Telefonrechnung eine Woche zu spät zu bezahlen. Das sagt auch die Wissenschaft. Ihre Antwort auf die Frage „Wozu Väter?" wirkt jedenfalls im Vergleich zu dem „Unverantwortlich!" oder „Wann wirst du endlich erwachsen?", mit dem Mütter Vätern bisweilen die denkbar miesesten Haltungsnoten ausstellen, beinahe schon wie eine Heiligsprechung. Demnach fördern Väter Neugier, Durchhaltewillen und Risikofreude von Kindern, lehren Frustrationstoleranz und lange Sätze. Von Vätern hört man nämlich ziemlich selten ein „Dutzi-Dutzi" und kaum ein „Hasismausihaddubösesaua?" Sollten Sie zufällig Vater sein, schneiden Sie sich das am besten aus, nur damit Sie es parat haben, wenn die Mutter Ihrer Kinder wieder einmal sagt: „Klar, schenke ihm nur ein Moped zu seinem letzten Geburtstag!"

FAMILIE NBANDE

75 Wie hießen deine Eltern mit vollem Namen?

Die Eltern meiner Mutter?

76

Weißt du, wann und wo sie jeweils geboren wurden?

77

Wie hieß deine Mutter mit Mädchennamen?

78

I

II

III

IV

V

VI

VII

79

Die Mutter deines Vaters?

_____
_____
_____
_____
_____

Wie viele Geschwister haben deine Eltern? Schreibst du mir
bitte auf, wie sie heißen, wie ihre Partner heißen und ihre Kinder?

80

_____
_____
_____
_____
_____

Kannst du dasselbe auch für die Tanten und Onkel meiner Mutter tun?

81

_____
_____
_____
_____

Wie hießen deine Großeltern? Väterlicherseits?

82

_____
_____
_____

8 3 Kennst du hier auch die Mädchennamen der Frauen?

_____

_____

_____

_____

Weißt du, wo und wann die Großeltern geboren wurden?

_____

_____

_____

_____

8 4

Und ob sie Geschwister hatten?

8 5

_____

_____

_____

_____

Und ob diese Kinder hatten?

8 6

_____

_____

_____

_____

Platz für eigene Bilder, Zeichnungen, Fotos, Kopien . . .

I

II

III

IV

V

VI

VII

Berühmte Väter

Natürlich können Männer prominent sein und gleichzeitig Kinder haben. Sogar sehr viel besser als Frauen. Schwierig wird es allerdings, sucht man Väter, die nur deshalb berühmt sind, weil sie Väter sind. Immerhin gilt das Hantieren mit Windeln und Fläschchen, das Besuchen von Schwangerschaftskursen und 134 Mal dasselbe Bilderbuch vorlesen im Unterschied zu den üblichen Männergroßtaten wie Länderüberfallen, Jungfrauenretten, Drachentöten, Pfahlsitzen oder Meerteilen als ziemlich unspektakulär. Trotzdem haben es einige Väter bis in die Top-Lagen der Geschichte geschafft, obwohl manche von ihnen gar keine Kinder hatten – jedenfalls keine eigenen:

JOSEF

Er hätte dieses Buch dringend gebraucht. Von ihm findet sich nämlich kein einziges Wort in der Bibel. Dabei hätten wir da einige Fragen: Wie es sich so als Randerscheinung neben einer dominanten Mutter und einem berühmten Sohn lebte? Ob er nicht manchmal ein bisschen traurig war, dass er ausgerechnet als Namensgeber für die Josef-Ehe – also einer Verbindung ohne Sex – in die Geschichte einging? Und ob er nicht gern etwas anderes geworden wäre als Schutzpatron der katholischen Kirche, Schutzpatron Belgiens, Kroatiens und des zweiten Vatikanums. Vielleicht Front-Mann in einer Heavy-Metal-Band?

ZEUS

Oberster olympischer Gott und Vater der Götter und Menschen. Er hatte eine schwere Jugend und ein problematisches Vater-Vorbild – immerhin hat sein Erzeuger Kronos versucht, wie seine Geschwister auch ihn, den jüngsten Sohn, zu verschlingen. Später zwingt er seinen Vater, all die verschluckten Kinder wieder auszuwürgen und tötet ihn danach mit Hilfe seiner Brüder Hades und Poseidon. Ein bisschen kann man also verstehen, dass Zeus nach heutigen Maßstäben als etwas beziehungsgestört in die griechische Mythologie einging und praktisch alles flachlegte, was nicht bei drei auf dem Baum war. Egal ob Männlein, Nymphe oder Weiblein. Seine Frau Hera (gleichzeitig auch seine Schwester) – zu Recht sehr eifersüchtig – zwang ihn dabei zu kreativen Rollenspielen. Immerhin trat er auch schon mal in Gestalt eines Schwans, Kuckucks, Feuers, Adlers, einer Kuh, Schlange oder eines Stieres an, um sich fortzupflanzen.

Gottvater

Wieso soll Gott eigentlich männlich sein? Heißt es nicht „Mutter Natur"? Und sind es nicht die Frauen, die Leben schenken? Aber vielleicht ist das ja gerade der Beweis dafür, dass Gott doch der Vater von allem und allen ist und die katholische Kirche recht hat. Schließlich predigt sie seit Jahrtausenden, dass genau das gottgegeben sei: Der Mann macht den Plan, die Frau die Arbeit. Andererseits verhält es sich mit der sexuellen Festlegung von Gott ein bisschen wie mit der Geschlechtsbestimmung beim Kaninchen: Ganz sicher kann man nie sein. Selbst die Bibel tut sich da schwer. Schreibt sie doch: Gott schreit wie eine gebärende Frau (Jesaja 42, 14). Oder Gott ist wie eine Hebamme, die neuem Leben zum Durchbruch verhilft (Psalm 22, 10: „Du hast mich aus meiner Mutter Leib gezogen"). Im hebräischen Original ist sogar vom „Gott der Brüste" die Rede. Aber hätte ein weiblicher Gott nicht beispielsweise Spinnen und Cellulitis aus der Schöpfung einfach rausgelassen und sie durch „Körbchengröße C für alle!" ersetzt? Auf jeden Fall war bei der Geschlechtsbestimmung des Schöpfers mal wieder der Wunsch der Vater des Gedankens – und der ist in diesem Fall so eindeutig männlich wie die Gemeinschaftsdusche des FC Bayern München.

Methusalem

Wahrscheinlich träumen Franz Beckenbauer und Roberto Blanco davon, wenn sie nicht gerade Blondinen ansprechen: Noch mit 187 Jahren einen Sohn zu zeugen, um dann weitere 782 Jahre zu leben und nach Bibelberichten („und zeugte Söhne und Töchter") weiterhin halbe Kontinente zu bevölkern. Das haben nicht mal Pablo Picasso (wurde noch Vater mit 68 Jahren), Karel Gott (mit 69 Jahren) oder der Inder Nanu Ram Jogi geschafft. Dabei hat es letzterer immerhin zu einem Artikel in der „Times" gebracht, als er mit 90 Jahren sein etwa einundzwanzigstes Kind bekam (die genau Zahl konnte er nicht angeben, in dem Alter vergisst man ja schon mal was). Für seine Verdienste wurden eine Dattelpalme, ein Wettbewerbspreis (der Methusalem-Maus-Preis) und die Sechsliter-Champagner-Flasche nach Methusalem benannt.

Der Vater von Kevin, Marie-Luise, Rosa, Max ...

Ein erstaunlicher Mann – mit unerschöpflichen finanziellen Ressourcen, Nerven wie Drahtseilen, friedliebend wie der Dalai Lama, freizügig wie Oswalt Kolle, trendy wie Paris Hilton und weltweit weiter verbreitet als Coca-Cola. Es gibt nämlich praktisch keinen Ort, an dem nicht irgendein Kind in diesem Moment sagt: „Aber der Vater von . . . erlaubt es auch", das Piercing mit 14, den Diskobesuch bis in den frühen Morgen, die Prada-Schlappen (in mehreren Farben), die Anschaffung eines i-Phones, die eigene Wohnung mit 16, die Teilnahme an „Deutschland sucht den Superstar!" und das Tattoo „I love Bill" auf dem Mädchen-Po. Schade, dass wir ihn bislang nicht persönlich kennengelernt haben. Auch wenn er vielleicht nicht der perfekte Vater ist – das Zeug zum perfekten Ehemann hat er auf jeden Fall.

Karl „Babba" Hesselbach

Stammvater aller TV-Väter. Schon 1949 ging „de Babba" als Hörspiel-Held an den Start. Der Friedberger Wolf Schmidt, Jahrgang 1913, vormals Zeitungsmacher, Kriegsberichterstatter und Kabarettist, brachte es als Erfinder und Darsteller des Babba mit den Hesselbachs auf 77 Radioproduktionen, 51 Fernsehfilme mit Traumquoten von bis zu 80 Prozent und vier Kinofilme. Die Beliebtheit der lustigen „dramatischen Alltags-Chroniken" ist bis heute ungebrochen, vielleicht weil seitdem kaum jemand das väterliche Dasein amüsanter und klüger auf den Punkt gebracht hat. Zum Beispiel mit Sätzen wie: „Isch binn immer nett, bis aaf die Male, wo isch net nett bin, abber, die hat ja jeder, nur isch e bissche öfter."

Der Krieg

„Der Krieg ist aller Dinge Vater", behauptete der griechische Philosoph Heraklit angeblich. Sicher kann man sich da nicht sein. Denn sein Werk ist nur in Fragmenten überliefert. Wir persönlich fänden es sympathischer, wenn dieser gnadenlos kernige Blödsinn, dass man dem Krieg doch immer noch was Positives abgewinnen kann, irgendwie falsch übersetzt wäre – ganz in Heraklits Sinn: „Viel Wisserei lehrt nicht, Vernunft zu haben."

Väterchen Frost

Der coolste Vater aller Zeiten – verdankt seine Existenz dem Kommunismus. Begann seine Karriere als Märchenfigur und wurde schließlich in den 1920er Jahren zur atheistischen Alternative zum russisch-orthodoxen Weihnachtsfest befördert. Unterstützt von seiner kleinen Enkelin Snegurotschka, übersetzt „Schneeflöckchen", bringt er seitdem am 31. Dezember die Geschenke. Er ist außerdem sehr naturverbunden, trägt gern Pelz und kann alles, was er berührt, in Eis verwandeln – ein grundsympathisches Kerlchen also, auf das die Russen auch nach Wiedereinführung des russisch-orthodoxen Weihnachtsfests nicht verzichten wollen. Er hat übrigens eine Postadresse: Väterchen Frosts Haus, 162390 Weliki Ustjug, Oblast Vologda, Russland. Das nur, falls Sie irgendwelche Wünsche haben, die sich nur von Fachpersonal erfüllen lassen.

DIE VÄTER VON ALLEM, WAS WICHTIG IST

Wann immer auf der Welt etwas Bedeutendes geschieht, wird ein Vater geboren. So hat es das Grundgesetz gleich auf 61 Väter gebracht, die katholische Kirche auf bedeutende Kirchenväter im hoch zweistelligen Bereich, es gibt die Väter der 68er, der Klamotte, der Urknallkosmologie und die Väter der neuen Kunstmesse in Shanghai, Väter der Freiheit, den Vater der Psychoanalyse – Sigmund Freud – und den des Gedankens, der übrigens „Wunsch" heißt.

Landesvater

Ein oder zwei Kinder sind manchen eben nicht genug. Sie tun es nicht unter einem ganzen Bundesland – wollen also unbedingt „Landesväter", also Ministerpräsident werden, nicht nur weil man dann auf einen Schlag gleich sechs Millionen „Landeskinder" (Hessen) hat. Es ist ja auch wesentlich publikumswirksamer. Schließlich kommt man als Vater von Kevin oder Leon oder Friedrich oder Max kaum in die Zeitung, kann aber als Landesvater von Bayern oder Baden-Württemberg praktisch täglich eine Pressekonferenz geben und vielleicht später einmal Kanzler werden.

Geschmacks
fragen

Rote Socken und rosa Polohemden oder warum ein Opel für Papa indiskutabel ist

Väter und ihre Vorlieben prägen. „Jeder Popel fährt 'nen Opel!", hat so mancher Vater gerne gesagt und steif und fest behauptet, dass nur ein Mercedes ein richtiges Auto ist und lediglich Aufschneider und Neureiche sich für einen BMW entscheiden. Guter Geschmack zeigt sich für viele Väter auch bei der Wahl des Fußballvereins. Wie kann ein Mann für einen Club wie Bayern München schwärmen, wo doch der einzig glaubhafte und gute Verein der Nation der 1. FC Köln ist? Einzig Fliegenfischen ist wahres Angeln und nur Idioten oder Weicheier trinken süßgespritzten Apfelwein. Väter haben klare Vorstellungen von Gut und Böse, von richtig und falsch. Skat ist ein ordentliches Kartenspiel, Bridge hingegen eindeutig was für alte Omis. Hunde sind toll, intelligent und treu, Katzen jedoch dubiose Wesen. Papas Weltbild ist häufig sehr klar. Entweder schwarz oder weiß. Selbstverständlich ist ein Steak eine wunderbare Eiweißquelle, Sushi hingegen hält er für neumodischen Quatsch. Von Muscheln bekommt man quasi sofort eine Vergiftung, und im Kino sollte man immer in der Nähe des Notausgangs sitzen, da man ja nie weiß, was passieren kann. Ein Mann, der Bommelslipper trägt, ist wahrscheinlich insgeheim schwul, genau wie Kerle mit rosa Polohemden. Ohne Lateinkenntnisse ist ein Überleben schwer möglich und es sollte doch wirklich jeder in der Lage sein mindestens zwei Wilhelm-Busch-Gedichte fehlerfrei aufzusagen. Auch in der Politik haben Väter sehr genaue Vorstellungen. Niemals konservativ wählen oder keinesfalls eine rote Socke sein, Papa hat sich festgelegt und kann es schwer aushalten, wenn aus seiner Brut jemand anders tickt. Das führt im Laufe des Lebens zu merkwürdigen Situationen. Man könnte diesen echt günstigen fast nagelneuen Opel erstehen, aber im Hinterkopf hämmert lautstark Papas alte Weisheit: Jeder Popel fährt 'nen Opel, und obwohl man das schon damals einigermaßen albern fand, kann man sich davon dann doch nicht wirklich frei machen und lässt die Finger vom Opel. Den neuen Liebsten mit den Bommelslippern bittet man inständig, beim Elternantrittsbesuch andere Schuhe zu tragen und den BMW einen Block weiter zu parken. Wenn ein Mann ein rosa Polohemd trägt, wird man nachdenklich, und Muscheln zu essen, ohne an die nahende Vergiftung zu denken, ist fast unmöglich, und obwohl man sich kaum die Pin-Nummer seiner EC-Karte merken kann, hat man doch immer ein Busch-Gedicht im Kopf. Papas Geschmack ist kaum zu erschüttern und hat sich auch in uns schön breitgemacht.

I

II

III

IV

V

VI

VII

01 Lucky Luke oder Tim und Struppi

02 Duschen oder Baden

03 Schallplatte oder MP3-Player

04 FC Bayern München oder Werder Bremen

05 Audi oder BMW

06 Spiegel oder Focus

07 Batman oder Superman

08 Nassrasur oder elektrisch

09 ▪ Meer oder Berge ▪

10 ▪ Harald Schmidt oder Thomas Gottschalk ▪

11 ▪ Lachsfilet oder Rinderbraten ▪

▪ RTL oder ARD ▪

12

13 Sommer oder Winter

14 Glatze oder Toupet

15 Hund oder Katze

16 Marilyn Monroe oder Ava Gardner

I II III IV V VI VII

21 ■ SPD oder CDU ■

22 ■ Anzug oder Jeans ■

■ mit oder ohne Socken ■

23

24 ■ Karte oder Bargeld ■

I II III IV V VI VII

 **Deine Lieblings-Autorin?**

Dein Lieblingsschriftsteller?

 **Dein Lieblingsschauspieler?**

Deine Lieblings-Fernsehserie?

 **Dein liebster Geruch?**

Deine liebste Farbe?

31 Dein Lieblingsauto?

Dein Lieblingslied? **32**

33  Dein Lieblingssänger?

Was magst du gar nicht essen? **34**

35  Deine Leib- und Magenspeise?

Welchem Politiker würdest du gern mal eine knallen? **36**

(Wenn es garantiert nicht herauskäme!)

Was man nur von seinem Vater lernt

Das Leben wird bekanntlich ohne Beipackzettel geliefert. Deshalb haben wir Väter. Von ihnen lernen wir, welche Risiken und Nebenwirkungen es hat, wo die Unverträglichkeiten liegen und ein paar wichtige Erkenntnisse, die wie weiland der Stern die Reise der Heiligen Drei Könige unseren Weg in die Zukunft ausleuchten sollen:

Logik I: »Weil ich dein Vater bin.«

Osmose: »Mach deinen Mund zu und iss.«

Vererbungslehre I: »Das hast du nicht von mir.«

Gerechtigkeit: »Ich hoffe, du wirst auch mal Kinder haben und dass sie genauso sind wie du.«

Teamgeist: »Und wenn all deine Freunde von einer Brücke springen, springst du dann auch?«

Anteilnahme: »Und, was macht ihr heute Abend? Kirchen anzünden?«

Mathematik: »Wie oft soll ich dir das noch sagen?«

Floristik: »Glaubst du, dass das Geld auf den Bäumen wächst?«

Vererbungslehre II: »Das hast du von deiner Mutter.«

Geographie: »Nur über meine Leiche!«

Styling: »Das nennst du einen Haarschnitt?«

Chirurgie: »Das ist die beste Methode, sich ein Auge auszustechen.«

Geschichte: »Als ich in deinem Alter war . . .«

Landwirtschaft: »Da ist so viel Dreck in deinen Ohren – man könnte glatt Kartoffeln dort anpflanzen.«

Geschlechterforschung: »Nimm es wie ein Mann.«

Weitsicht: »Solange du deine Füße unter meinen Tisch . . .«

Sexualkunde: »Ich habe dich in die Welt gebracht, ich kann dich auch wieder hinausbefördern und jemand machen, der dir ähnlich sieht . . .«

Logik II: »Wo genau hast du es verloren?«

Sicherheitspolitik I: »Frag lieber deine Mutter!«

Geometrie: »Knapp vorbei ist auch daneben.«

Zuversicht: »Da wirst du schon noch reinwachsen.«

Bescheidenheit: »Du glaubst wohl, du wärst schlauer als ich…«

Kausalität: »Hör auf zu heulen, sonst gebe ich dir einen Grund dafür.«

Fairness: »Ich habe nicht verloren, ich habe dich gewinnen lassen!«

Konsequenz: »Ich sag's dir nicht noch mal.«

Logik III: »Weil ich es dir sage.«

Meteorologie: »Es gibt kein schlechtes Wetter – nur die falsche Kleidung.«

Krisenmanagement: »So ein bisschen Schmerz hat noch niemand umgebracht.«

Sicherheitspolitik II: »Vertrauen ist gut, Kontrolle ist besser.«

Wie man erwachsen wird: »Wenn du dein Gemüse nicht isst, wirst du niemals groß.«

Vorfreude: »Warte nur, bis wir zu Hause sind.«

Väter –
gestern
und
heute

Väter – gestern und heute

Ausgenommen Pamela Anderson und das Parteiprogramm der Sozialdemokraten wurde im letzten Jahrhundert kaum etwas gründlicher überarbeitet als der Vater. Schließlich ist es noch gar nicht so lange her, dass ein Vater beispielsweise sagte, Kinder hätten bei Tisch gefälligst den Mund zu halten und dass man aber pronto etwas hinten drauf bekäme und zwar mit dem Rohrstock, wenn man nicht sofort sagen könne, was 234 mal 367 ist und wann die Römer Karthago eroberten. Undenkbar, dass ein solcher Vater alten Schlags einen Bauklotz oder eine Rassel in die Hand genommen hätte. Von einer vollen Windel ganz zu schweigen. Das war Frauensache. Schon um später sagen zu können, dass der Sohn seine 6 in Mathe auf keinen Fall von seinem Vater haben könne und die Mutter übrigens sowieso ganz allein daran Schuld trage, wenn das Kind zum Theater will, später Latexanzüge trägt oder Kommunist wird. Das hätte ewig so weitergehen können, wäre nicht irgendwann in den 60er Jahren der neue Vater auf der Bildfläche erschienen. Einer, der alles anders machen wollte als sein „Alter", besser natürlich. Plötzlich zeigte sich, dass Männer tatsächlich länger die Luft anhalten können als Perlentaucher – jedenfalls lange genug, um Windeln zu wechseln –, und dass sie physisch durchaus in der Lage sind, einen Kinderwagen zu schieben und ein paar Fischstäbchen aufzutauen, Hausaufgaben zu betreuen und bei Liebeskummer zu trösten, ohne bleibende Schäden davonzutragen. Im Gegenteil. Plötzlich fand sich zwischen Fläschchen und Schnuller sogar etwas, das der Mann dort nie vermutet hätte: Anerkennung, Applaus, Lorbeeren, Publikum. Vor allem aber hingerissene weibliche Bewunderung. Der neue Vater lernte: Nicht mal George Clooney nackt auf der Spielplatzschaukel würde so viel Aufsehen unter Frauen erregen wie ein Mann, der seinem eigen Fleisch und Blut dabei hilft, ein Sandeimerchen vollzuschaufeln und es schafft, dass sich das Kind dabei höchstens ein Kilo Dreck in den Mund steckt. Dass die dazugehörige Frau dann die ganze Nacht wach ist, weil das Kind nun leider eine schlimme Magenverstimmung hat, sieht ja keiner und ändert auch nichts daran, dass sie von den anderen Frauen nach Kräften um das Glück beneidet wird, einen solch engagierten Vater an ihrer Seite zu haben. Dabei könnten sie sich daheim ganz einfach selbst einen neuen Vater machen: Untersuchungen haben nämlich gezeigt, dass die Vater-Kind-Bindung dort am ausgeprägtesten ist, wo Frauen berufstätig sind und genauso viel zum Unterhalt der Familie beitragen wie die Männer. Kurz: Je mehr Frauen arbeiten, desto stärker muss ein Vater ran, und umso eher wird er ein neuer Vater werden. Einer, der eigentlich nur ein Problem hat: Dass irgendwann keiner mehr guckt, weil es vollkommen selbstverständlich ist, dass sich ein Vater um seinen Nachwuchs kümmert. Aber keine Sorge, es wird zu ertragen sein. Wir Frauen haben es schließlich auch geschafft!

Beruf

Geld

Was wird er denn mal

„Das Schlimmste, was einem gewöhnlichen Mann passieren kann, ist, einen außergewöhnlichen Vater zu haben", so Austin O'Malley, ein amerikanischer Humorist. Er sagte auch: „Je kleiner der Kopf, desto größer der Traum." Das zusammen genommen ergibt ein ziemlich deutliches Bild der Probleme bei der Berufswahl. Welche Sportart sollte beispielsweise ein Sohn von Franz Beckenbauer wählen? Auf jeden Fall Fußball oder auf keinen Fall Fußball? Ist es sinnvoll, sich an einem Kaiser zu messen? Sollte sich ein Beckenbauer-Sprössling nicht sicherheitshalber lieber rhythmische Sportgymnastik oder Wasserball zur Lebensaufgabe machen? Oder gleich Schach spielen? So ähnlich hat es jedenfalls der Sohn von Marcel Reich-Ranicki gemacht. Die Abteilung Sprache, Wort und Schrift war innerfamiliär schon brillant belegt, also hat er sich für eine völlig andere Karriere entschieden: Er lebt als Mathematikprofessor in Edinburgh. Es gibt jedoch jede Menge Söhne, die der Tradition, nach der Söhne in die Fußstapfen der Väter treten, gefolgt sind. Nehmen wir George Bush. Papa war Präsident und da hat sich der Bub gedacht: „Warum nicht? Was mein Vater kann, kann ich schon lange." Er hätte vielen einen Gefallen getan, wenn er darüber noch ein wenig länger nachgedacht hätte. Auch Michael Douglas hat sich in das Fahrwasser des Vaters begeben, Götz George und viele mehr. Manche jedoch hadern sehr mit dieser auf den ersten Blick so einfachen Entscheidung. Klaus Mann, der älteste Sohn von Thomas Mann, bezeichnete seine Abstammung als „die bitterste Problematik meines Lebens". Das klingt nicht nach Erfüllung, schließlich konnte er auch nicht ahnen, dass sich sein Vater nach seinem Tod überraschend freundlich über sein Werk äußern würde. Einsteins Sohn zu sein, einen Vater zu haben, der als ein Forschergenie gilt, ist wahrscheinlich eine der härtesten Prüfungen überhaupt. Einsteins ältester Sohn wurde Ingenieur, kein übler Beruf, aber gemessen am Vater natürlich Peanuts. Sein zweiter Sohn erkrankte an Schizophrenie, aber Papa ließ sich in der Klinik nicht blicken. Genie hin, Genie her, nett ist das nicht.

Aber nicht nur der Sohn, auch der Vater steckt im Dilemma. Denn wie hat Karl Lagerfeld sinngemäß gesagt: Es gibt eigentlich nur zwei Möglichkeiten: Entweder sind Kinder besser als man selbst oder schlechter. Beides ist unerträglich. Wahrscheinlich hilft es, sich Niccolò Machiavellis Zitat zu Herzen zu nehmen: „Ein Vater muss lernen, das Handeln seiner Söhne zu akzeptieren, und zwar nicht gemessen an seinen Wünschen, sondern an deren Möglichkeiten." Deshalb: Immer daran denken, dass wir Neurochirurgen UND Elektriker brauchen.

Monetäres

01 Hast du Taschengeld bekommen?

02 Womit hast du dein erstes Geld verdient?

03 Wofür hast du es ausgegeben?

Die erste große Anschaffung deines Lebens?

04

05

Wenn man dir 1000 Euro schenken würde, was machst du damit?

06

Was ist für dich Geldverschwendung?

Was ist das Teuerste, das du jemals gekauft hast?

07

250.000€

Hattest du ein Konto für dich und deine persönlichen Ausgaben?

08

Überziehst du dein Konto?

09

10

Wofür würdest du niemals Geld ausgeben?

11 **Wie investierst du dein Geld?**

I

II

III

IV

V

VI

VII

Hast du schon mal
um Geld gespielt?

12

Ist Geiz oder Verschwendungssucht erträglicher?

13

Wusste deine Frau immer, wie viel du genau verdienst?

14

Wer hat bei
größeren
Anschaffungen
die letzte
Entscheidung
getroffen?

15

Bitte keine Werbung ...
(Prospekte) einwerfen!

AUSSER GLOBUS

16

Achtest du auf Sonderangebote?

17

Wofür gibst du zu viel Geld aus?

Wofür würdest du gern mehr Geld ausgeben?

18

Die letzte Anschaffung, die du dir verkniffen hast?

19

Wofür würdest du dich heillos verschulden?

20

21

Hast du schon mal über deine Verhältnisse gelebt?

22

Die deiner Meinung nach überflüs-sigste Geldausgabe deiner Frau?

Was kostete dein letzter Friseurbesuch?

23

Machst du gern Geschenke?

24

Das teuerste Geschenk, das du jemals gemacht hast?

25

26

Macht Geld glücklich?

27 **Wie viel Prozent Trinkgeld gibst du im Restaurant?**

I

II

III

IV

V

VI

VII

28

Weißt du, was gerade ein Liter Milch kostet?

29

Mit was hast du dich schon mal so richtig verspekuliert?

Würdest du für deinen besten Freund bürgen?

30

31

Wer war bei uns für die Finanzen zuständig?

Geld

=

Macht

Geld ist Macht

Mag sein, dass Väter oft keine Ahnung haben, wie die Klassenlehrerin ihres Sprösslings heißt und dass er etwa zehn Jahre zu alt ist für einen Modellbaukasten. Eines aber weiß man als Vater ganz genau: Dass Kinder immer noch die sicherste Möglichkeit sind, sich finanziell zu ruinieren. 145000 Euro kostet der Nachwuchs im Durchschnitt bis zu seinem 18. Lebensjahr, sagt das Statistische Bundesamt. Ohne das Studium. Das kommt extra. Ebenso wie das Auslandsschuljahr, der Golden Retriever, der Computer und das praktisch lebenslang unkündbare Klingelton-Abo.

Umgerechnet sind das etwa ein Porsche GT3 oder die Vorabpressung der Debut-LP von Velvet Underground & Nico, ein Pool, ein Wochenende mit Pamela Anderson oder die Germania '94, also ein ganzer eigener Fußballverein aus der Kreisliga. Kein Wunder, wenn der Durchschnittsverdiener mit Kindern auf Worte wie „Klassenfahrt", „Zahnspange" oder „Klavierunterricht" allergisch reagiert und jegliches Begehren – „Ich brauche unbedingt neue Nike-Turnschuhe!" und „Ich MUSS ein Pferd haben!" schon mal rüde mit „Und die Menschen in der Hölle möchten Eiswasser!" im Keim erstickt. Selbst jene glasklare Logik, zu der nur 14-Jährige fähig sind, die sich sehnlichst etwas wünschen – „Mit einem Fernseher in meinem Zimmer würde ich euch überhaupt nicht mehr stören!", „ALLE haben ein i-Phone!" – scheitert wie weiland die Titanic am Eisberg an der väterlichen Panik zu verarmen: „Sag mir ruhig, wenn du irgendwas brauchst, ich sage dir dann, wie du ohne es auskommst."

Dann heult man ein bisschen oder bebt vor Zorn und nimmt sich ganz fest vor, später einmal – mit eigenen Kindern – sehr, sehr viel großzügiger zu sein als diese elende Krämerseele, diese Reinkarnation von Ebeniza Scrooge, dem Inbegriff des Geizkragens. Seinem eigenen Fleisch und Blut würde man später aber mit Sicherheit die deprimierende Erfahrung ersparen, sich das Computerspiel „World of Warcraft" gewünscht zu haben und stattdessen die fünf Gewinner des katholischen Jugendbuchpreises 2008 zu bekommen. Bis man eigene Kinder hat und plötzlich auch eine große pädagogische Mission verspürt: Seinem Kind nahezubringen, dass ein Leben ohne Acne-Jeans, ohne Mofa oder eine Nasenkorrektur vielleicht nicht lebenswert, aber durchaus möglich ist und es Wichtigeres im Leben gibt als Shoppen. Es wird einem natürlich nicht glauben und üble Dinge schreien wie „Ich hasse dich!" oder „Du bist ja schlimmer als Dieter Bohlen!" oder „Sag mir endlich, wer mein richtiger Vater ist!". Aber dann kann man sich immer noch den Stax-Kopfhörer (1200 Euro) aufsetzen, hören, wie sich der Röhrenverstärker (5500 Euro) macht und darauf bauen, was schon John Paul Getty weitsichtig erkannte: „Geld ist nicht alles, aber es hält dich in Verbindung mit deinen Kindern."

Berufliches

32

Was wolltest du als Kind gerne werden?

33 Warst du ein guter Schüler?

Was waren die Pläne deiner Eltern für dich?

34

35

Hatten deine Mutter und dein Vater
dieselben Pläne oder gab es da unterschiedliche Vorstellungen?

Bist du sitzen geblieben?

36

Wo lagen deine
Stärken und
Schwächen in
der Schule?
Stärken:
Schwächen:

37

38 Hast du ab und
an geschwänzt?

Gab es Belohnungen für gute Noten?

39

Was hast du für einen Schulabschluss, mit welcher Note?

40

Lehr·Brief.

41

Warst du damit zufrieden?

42

Hast du dir deinen Beruf ausgesucht?

III

43

Hättest du etwas anderes werden wollen?

bis 1. April 25 das *maschinenschlosser* Handwerk gelernt.

Was war das Härteste in deiner Ausbildung?

44 Er hat sich *viele* Kenntnisse und Fertigkeiten in diesem Handwerk erworben und hat sich während der Lehrzeit *tadellos* betragen.

45

Waren deine Eltern mit deiner Berufswahl einverstanden?

46 **Was war das Schönste in der Zeit deiner Ausbildung, was das Unangenehmste?**

Hast du noch Kontakte, Freundschaften aus dieser Zeit?

47

War dein Vater stolz auf deine Leistungen oder glaubst du, er hat sich etwas anderes erhofft?

48

49

Was, glaubst du, ist wichtiger für den Erfolg: Leistung oder gute Beziehungen?

50

Hast du gern gearbeitet? Oder arbeitest du noch gern?

51 Was, würdest du rückblickend sagen, ist wichtiger: Dass der Beruf sicheres Geld bringt oder Spaß macht?

52 Ist Hausfrau ein Beruf?

53 Welches deiner Talente kam in deinem Beruf zu kurz?

54 Wenn du dir unabhängig von deiner Ausbildung, deinem Schulabschluss und deinen tatsächlichen Begabungen einen Beruf unter allen Berufen aussuchen könntest, welcher wäre das?

Wenn du mir hättest einen Beruf aussuchen können, was hätte ich werden sollen?

55

56 **Hättest du gern (falls du das nicht schon hattest) eine beruflich erfolgreiche Frau gehabt, eine, die mit dir die Last, die Familie zu ernähren, teilt? Oder sie dir sogar abnimmt? (Und du ihr dafür die Lasten der Hausarbeit?)**

57

Wie wichtig ist es für einen Mann, beruflich erfolgreich zu sein? Ist es für ihn wichtiger als für eine Frau? Weshalb?

58

Hättest du ohne Familie andere berufliche Perspektiven gewählt? Welche?

III

Hättest du dir mehr oder weniger Freizeit gönnen sollen?

59

60

Hättest du – mit einem Lotto-Gewinn im Rücken – deinem Chef einmal uneingeschränkt deine Meinung sagen wollen?

EGAL WAS DU MICH AUCH!

61

Können Kollegen auch Freunde sein?

Wenn du noch einmal wählen könntest, würdest du wieder denselben Beruf wählen?

62

Platz für eigene Bilder, Zeichnungen, Fotos, Kopien . . .

I

II

III

IV

V

VI

VII

Vatermord – warum Papa (manchmal) sterben muss!

Väter leben gefährlich. Besonders in der Kultur. Da bringen Kinder ihre Väter nicht nur im übertragenen Sinne, sondern tatsächlich mal gern ins frühe Grab. Vor allem die griechische Mythologie ist ein einziges Vater-Massensterben, voller Beispiele von Männern, die von ihren eigenen Kindern gemeuchelt werden. Das fängt an beim Vater aller Götter, Uranos, der Opfer seines Sohnes Kronos wird, geht über dessen Sohn Zeus, der gemeinsam mit seinen Brüdern wiederum Kronos ermordet, bis hin zu Ödipus, dem wohl bekanntesten Vatermörder der Geschichte. Angeblich wollte er unbedingt Sex mit seiner Mutter und da führte eben der Weg naturgemäß nur über die Leiche seines Vaters. Man muss Ödipus allerdings zugute halten, dass er nicht wusste, dass seine Mutter seine Mutter ist und sein Vater sein Vater, bevor er tat, was ihm prophezeit wurde. Eigentlich hätte die Sache also etwas Gras zum Drüber-wachsen verdient. Aber dann kam Sigmund Freud und machte sie mit dem „Ödipus-Komplex" unsterblich. Freud glaubte nämlich, dass alle kleinen Jungs eigentlich ihre Mutter heiraten wollen und ihren Vater deshalb als Konkurrenten betrachten, den es auszuschalten gilt. Unappetitlich? Fragen Sie doch mal eben im Freundeskreis ein paar Ehefrauen, die werden Ihnen sagen können, dass die Sehnsucht nach Mutti selbst unter erwachsenen Buben ziemlich weit verbreitet ist. Ebenso wie der lebens-lange Kampf gegen einen übermächtigen Vater und das an sich ja verständliche Be-dürfnis, sich dafür zu revanchieren, dass man sich jahrelang anhören musste, wie das Leben geht, ohne einmal sagen zu dürfen „Du hast ja keine Ahnung!" oder „Mach doch endlich mal Platz für eine andere Meinung!" oder „Wann gehst du eigentlich in Rente?" Da muss man sich eben anderweitig abreagieren. Wie Dostojewski Bü-cher schreiben, in denen ein Vater leider stirbt (Die Brüder Karamasow) oder wie Mozart Opern komponieren, in denen Väter zu den bevorzugten Opfern gehören (Don Giovanni, Zauberflöte). Natürlich kann man einem Vater auch mit Erfolgen, Visionen, Ideen einen empfindlichen Platzverweis erteilen. Das geht nicht nur bei leiblichen Vätern, sondern prinzipiell bei Autoritäten im Allgemeinen, also politischen oder wirtschaftlichen „Vaterfiguren". Deshalb wird der Tatbestand „Vatermord" auch in größeren Zusammenhängen angewandt. Etwa bei den 68ern, die bekannt-lich ganz ordentlich gegen Vater Staat rebellierten. Das hat ihm nicht geschadet. Im Gegenteil. Wie überhaupt der Vatermord wesentlich besser ist als sein Ruf. Viel Gutes und Kluges und Neues wäre ohne den Kampf gegen den Vater und seine Stell-vertreter – also das Alte, das Bewährte und Sätze wie „Das haben wir schon immer so gemacht!" gar nicht denkbar gewesen. Sich gegen einen Vater aufzulehnen gehört deshalb immer irgendwie zum Erwachsenwerden dazu. Daran sollte man denken, wenn man als Vater mal wieder das Gefühl hat, die Kinder wünschten sich gerade, sie seien adoptiert, und am liebsten heulen würde. Das geht vorbei. Jedenfalls bei den meisten.

Die besten Vater-Sohn-Filme

Big Fish (2003)

Das Leben ist schön (1997)

Der Pate (1972)

Schlaflos in Seattle (1993)

Das Streben nach Glück (2007)

Pinocchio (2002)

Star Wars Episode IV (1977)
Die Rückkehr der Jedi-Ritter

Aus der Mitte entspringt ein Fluss (1992)

Findet Nemo (2003)

Mrs. Doubtfire (1993)

Rocky V (1990)

Wall Street (1987)

Invasion der Barbaren (2003)

Bambi (1942)

Tod eines Handlungsreisenden (1985)

Die schönsten Vater-Tochter-Filme

Vater der Braut (1991)

Paper Moon (1973)

American Beauty (1999)

Mr. Mom (1983)

My Girl (1991)

Eat, Drink, Man, Woman (1994)

Mein Vater der Held (1994)

Daltry Calhoun (2005)

Corinna, Corinna (1994)

Ich bin Sam (2001)

T(r)icks (2003)

A Love Song for Bobby Long (2005)

Vaterschaft im Tierreich

Die meisten Tiere haben, was das Thema Vaterschaft angeht, einen ziemlich flotten Lenz. Her mit dem Samen und dann ab durch die Hecke. Soll Mutti doch sehen, wie sie mit dem Nachwuchs zurande kommt, Hauptsache Papa ist sein Sperma los. Manche Tiere aber müssen, um sich zu vermehren, auch ziemliche Mühen auf sich nehmen. Der Frosch quakt sich die Seele aus dem Hals, um die Damenwelt auf sich aufmerksam zu machen, Elche führen gewichtige Kämpfe aus, um die Frauen von sich zu überzeugen, und der arme Aal muss sogar Tausende von Kilometern schwimmen, um nur ein einziges Mal abzulaichen. Eine ziemliche Plackerei.

Was das aktive Vatersein angeht, halten sich die meisten männlichen Tiere, um es freundlich auszudrücken, vornehm zurück. Aber auch im Tierreich gibt es vereinzelt Exemplare, die Vorbildfunktion haben könnten. Ein wahrer Superpapi ist der Kaiserpinguin. Mami legt das Ei und Papi brütet es aus und übernimmt auch die Erstversorgung, so lange bis die Pinguinmama von der Nahrungssuche zurückkommt. So mancher Pinguin überlebt dieses Prozedere nicht, opfert sich also für den Nachwuchs. Was Pinguine können, sollte doch ein Durchschnittsmann auch auf die Reihe kriegen, oder? Äußerst lobenswert verhält sich auch das Seepferdchen. Das Seepferdchen hat zum einen einen gewissen Hang zur Romantik. Es trifft sich mit dem Weibchen in den Morgenstunden und sie schwimmen eine Weile mit ineinander gehakten Schwänzen umher. Ist das Weibchen dann paarungsbereit, beginnt ein Balztanz, bis es schlussendlich zur Begattung kommt. Das lateinisch Hippocampus genannte possierliche filigrane Wesen übernimmt für die Liebste sogar die Schwangerschaft. Die Weibchen spritzen ihre Eier direkt in die männliche Bauchtasche. Bis zu 200 Eier kann so eine Bauchtasche aufnehmen. Zehn bis zwölf Tage dauert die Seepferdchenschwangerschaft und dann zieht sich das trächtige Männchen ins Seegras zurück und gebärt unter großer Anstrengung in aller Stille die Jungtiere.

Stolz auf sich sein kann auch der Campbell-Zwerghamster. Der übernimmt zwar nicht die Schwangerschaft, aber er versorgt seine Kinder mit Nahrung und ist sogar bei der Geburt behilflich. Er hilft dem Nachwuchs aus dem Geburtskanal, öffnet ihre Atemwege und leckt die Kleinen auch noch sauber, ist also eine top Hebamme.

All das läuft äußerst routiniert ab, schließlich macht der Campbell-Zwerghamster das gut 150 Mal im Jahr.

Bei den Vögeln sind es immerhin fast 90 Prozent der Herren, die sich recht partnerschaftlich verhalten. Sie helfen bei der Brutpflege und der Nahrungsbeschaffung. Herausragend beispielsweise die Tauben. Viele von ihnen führen eine lebenslange Einehe. Der Taubenkerl teilt sich die Brutpflege partnerschaftlich mit seiner Gattin und produziert genau wie sie auch Milch als Nahrung für die Jungtiere. Noch weiter geht der Emu, ein straußenartiger Vogel. Hier übernimmt der Mann das komplette Brutgeschäft und sie zieht weiter, bandelt mit dem nächsten Emu-Männchen an und legt auch diese Eier in das Gemeinschaftsnest. Der Emu-Mann sieht das entspannt und brütet den fremden Nachwuchs mit aus. Während der achtwöchigen Brutzeit nimmt der Emu keinerlei Nahrung zu sich, nicht mal einen Schluck Wasser. Er steht überhaupt nur auf, um die Eier regelmäßig, etwa zehn Mal am Tag, zu wenden. Ähnlich rührend verhält sich der Kiwi. Er ist ein sehr monogamer Geselle und während das Männchen brütet, darf die Kiwi-Frau ein herrliches Nickerchen machen. Auch nach der Brutzeit passt Papa tagsüber auf die Kleinen auf.

Bei den Säugetieren dagegen ist es die große Ausnahme, wenn die Männchen sich kümmern. Nur etwa zehn Prozent der Säugetiere zeigen so etwas wie väterliche Fürsorge. Manchmal braucht es allerdings auch in der Tierwelt einen gewissen Druck. Nehmen wir die Hausmaus. Die meisten Hausmausmännchen sind ziemliche Machos. Sie leben zumeist in Gruppen mit mehreren Männchen und Weibchen und das dominanteste Männchen begattet jede weibliche Maus, die er erwischen kann. Um den Nachwuchs schert sich das Hausmausmännchen einen Dreck. Lebt die Machohausmaus allerdings in Gefangenschaft nur mit einem Weibchen, dann wird er zum fürsorglichen Vater und kümmert sich um Frau und Kind. Was einiges für die Theorie spricht, dass man manche Männer eben zu ihrem Glück zwingen muss.

Prominente Überlebenshilfe für Väter:

Das Beste, das ein Vater für seine Kinder tun kann, ist, ihre Mutter zu lieben.

(Henry Ward Beecher)

Ein Vater muss lernen, das Handeln seiner Söhne zu akzeptieren, und zwar nicht gemessen an seinen Wünschen, sondern an deren Möglichkeiten.

(Niccolò Machiavelli)

Nicht Fleisch und Blut. Das Herz macht uns zu Vätern.

(Johann Christoph Friedrich von Schiller)

Das Kind hat den Verstand immer vom Vater, denn die Mutter hat ihren noch.

(Adele Sandrock)

Wenn man keinen guten Vater hat, so soll man sich einen anschaffen.

(Friedrich Nietzsche)

Wenn du nie von deinen Kindern gehasst wurdest, warst du nie richtig Eltern.

(Bette Davis)

Es bringt einen um, sie erwachsen werden zu sehen. Aber es würde einen noch schneller töten, wenn sie es nicht täten.

(Barbara Kingsolver)

Du sollst kein Baby machen, wenn du kein Vater sein kannst.

(National Urban League Slogan)

In dem Moment, in dem ein Mann realisiert, dass sein Vater möglicherweise recht gehabt haben könnte, hat er vermutlich einen Sohn, der glaubt, er läge falsch.

(Charles Wadsworth)

Die Männer, die sich davor fürchten, Vater zu werden, verstehen nicht, dass Vaterschaft nicht etwas für perfekte Männer ist, sondern etwas, was den Mann perfekt macht.

(Frank Pitman)

Ich habe ein Vermögen für die Erziehung und für die Zähne meiner Kinder ausgegeben. Der Unterschied zwischen beidem ist, sie benutzen ihre Zähne.

(Robert Orben)

Mein Vater sagte, dass Ehrlichkeit die beste Politik ist und Geld nicht alles wäre – er hat sich auch mit anderen Dingen geirrt.

(Sam Buckley)

Erfolgreich sind Eltern, die ihre Kinder so aufziehen, dass sie in der Lage sind, für ihre eigene Psychoanalyse selbst zu bezahlen.

(Nora Ephron)

Ein Mann, der keine Zeit mit seiner Familie verbringt, ist kein richtiger Mann.

(Mario Puzo)

I II III IV V VI VII

Vaters kleine Prinzessin

Vaters kleine Prinzessin

Ich habe sie immer beneidet. Diese anderen Mädchen, die quasi von Geburt an ihren höchstpersönlichen Verehrer hatten. Einen Mann, der sie auf Händen getragen, ihnen jeden Wunsch von den Lippen abgelesen hat und, wenn mal ein paar Wölkchen am rosaroten Himmel auftauchten, sofort gesagt hat: „Lass nur Kleine, dein Papi regelt das schon." Prinzessinnentöchter hatten in meinen Augen das Paradies auf Erden, schließlich waren sie diejenigen, die an Fasching das tollste Kleid aus rosa Satin und die herrlichste Krone trugen, bei jedem Turnwettbewerb ihren persönlichen Claqueur dabei hatten und die zum Abitur ein nettes Cabrio geschenkt bekamen. Das alles für ein bisschen Wimperngeklimper und ein hingehauchtes „Papa ich hab dich so doll lieb". Was Papa möglich war, hat er für seine Kleine getan. Alles nach dem Motto: Meistens ist der erste Mann in unserem Leben auch der beste, und wenn seine kleine Prinzessin dann lächelnd gesagt hat: „Ich will nur dich heiraten", dann war das Bestätigung genug. Papas Prinzessin weiß, wie man den Vater um den Finger wickelt. Egal ob es um Ausgehzeiten oder neue Designer-Jeans geht, Papa schmilzt dahin wie Butter in einer heißen Pfanne, er kann seiner Prinzessin einfach keinen Wunsch abschlagen. Doch wie man weiß, hat alles im Leben Konsequenzen. Für eine Prinzessin ist eben nur ein Prinz dauerhaft gut genug. Und welcher ganz normale Mann ist schon ein Prinz? Eine Prinzessin kann ja schlecht irgendeinen gewöhnlichen Kerl erhören, schließlich hat ihr Papa ja oft genug gesagt, dass für sie nichts gut genug ist. Und so unterliegt ein potenzieller Mann an ihrer Seite einem gnadenlosen Auswahlverfahren. Schließlich muss er sich immer an Papa messen lassen. Wahrscheinlich kursieren deshalb im Internet zahlreiche Warnhinweise: „Verabrede dich nie mit einer Frau, deren Vater sie ‚Prinzessin' nennt. Die Chance ist groß, dass sie es glaubt." Prinzessinnenväter wissen nicht, was sie mehr fürchten sollen: dass ihre Tochter den Richtigen oder den Falschen trifft. Es ist also wie so oft im Leben nicht alles Gold, was glänzt. Nichtsdestotrotz: Es ist nie zu spät, Papas kleine Prinzessin zu werden. Papa – ich bin bereit. Wo ist mein Krönchen?

Herzens

ange

legen

heiten

Herzensangelegenheiten

„Wann kommt denn dein Armleuchter wieder zu Besuch?" – Vater war nicht zimperlich, meine ersten Freunde einzuordnen. Am liebsten irgendwo in der Nähe von anderen niederen Seinsformen wie Moos oder Seegras. „Sein Name ist Arnold!", sagte ich dann. „Lohnt sich sowieso nicht, sich den zu merken!", lautete stets die Antwort. Und das galt ebenso für „Dingsda", „dieser Typ" und „das Bürschchen". Auch sonst leistete Vater dem Gedanken, seine Tochter könne sich noch vor dem 40sten Lebensjahr paaren, so energischen Widerstand, dass die amerikanische Kriegführung im Irak dagegen fast als „subtil" durchgeht. „Willst du gelten, mach dich selten!", ordnete er an und ließ mich – sicher ist sicher – von allen Gelegenheiten, sich mal ohne seine Aufsicht zu amüsieren, von einem Taxi abholen. Etwa eine halbe Stunde, nachdem die Party überhaupt erst begonnen hatte, und also lange vor Komplettverdunkelung und Blues – also bevor es erst richtig interessant wurde.

Neben Ausgehzeiten, die ich jederzeit liebend gern gegen den Freigang eines Peter Graf oder Jürgen Schneider getauscht hätte, setzte Vater auch anderweitig auf Methoden, wegen denen die USA schon viel Ärger hatten. Bei Telefonaten: „Mit wem hast du da gerade gesprochen?" Bei Verabredungen: „Sind da ZUFÄLLIG auch Jungs?" Und beim Aussehen: „Was ist denn das da für ein Zeug in deinem Gesicht? Damit gehst du mir nicht raus!" Da tröstete es wenig, dass mein Vater offenbar nicht mal Vorstand im Fanclub der Idee war, dass der sicherste Platz für Töchter unter einer Burka wäre. Da saß schon der amerikanische Schauspieler Billy Crystal, der bei einem Interview auf die Frage, wie er denn den Gedanken, dass sich seine Töchter einmal verabreden könnten, ertrage, antwortete: „Kein Problem, wir haben ein Abkommen getroffen, das besagt, dass sie keinen Sex haben dürfen, solange ich lebe." Das Ganze hätte einem früh einen Lagerkoller bescheren können – hätte es in der väterlichen Sicherheitspolitik nicht eine Lücke gegeben, die so groß war, dass man als Tochter beinahe fassungslos vor diesem unglaublichen Ausmaß an Erwachsenen-Naivität stand. Vor dem Trugschluss nämlich, es gäbe – ähnlich wie Gravität oder Thermodynamik – ein Naturgesetz, das es Teenagern unmöglich macht, vor Einbruch der Dunkelheit (also beispielsweise direkt nach der Schule) das zu erledigen, was Dr. Sommer ihnen in erfreulicher Ausführlichkeit („Wir zeigen und erklären dir, wie Petting funktioniert.") nahegebracht hatte. So kam es, dass die Deutschen doch noch nicht ausgestorben sind.

01 Wann bekamst du deinen ersten Kuss?

02 Erinnerst du dich an den Ort?

03 Warst du schon mal ernsthaft eifersüchtig?
Wie hieß der Grund und was war er von Beruf?

04 Kann man auch mehrere Menschen gleichzeitig lieben?

IV

Wie viel Freundinnen hattest du vor meiner Mutter? (Und danach?)

05

Ähnelten sie meiner Mutter? Inwiefern?

06

07

Was fiel dir an meiner Mutter auf, als du sie das erste Mal sahst?

08 **Was glaubst du, was ihr an dir gleich gefallen hat?**

09 Wer hat wen angesprochen?

Kannst du dich an diesen ersten Satz erinnern?

10

11 Wo fand euer erstes Rendezvous statt?

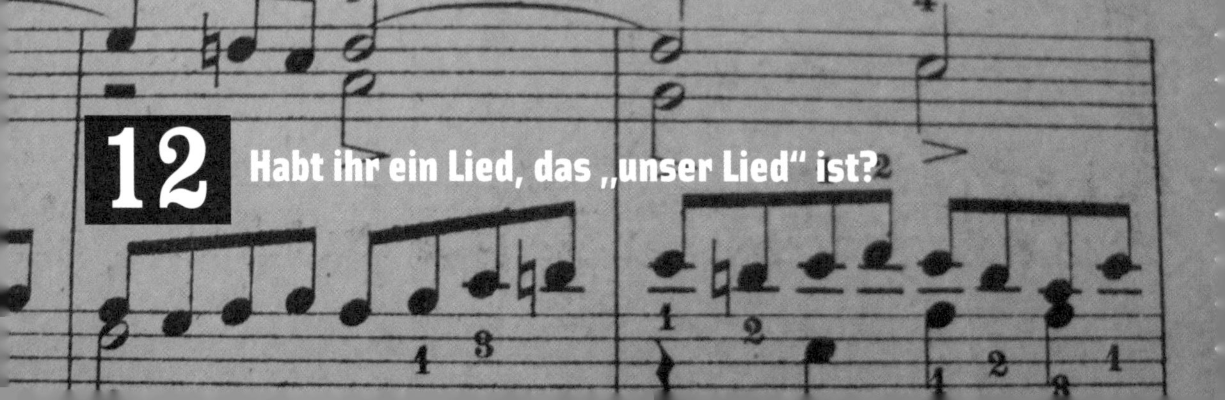

12 Habt ihr ein Lied, das „unser Lied" ist?

13

Was ist das Schwerste an einer langen Beziehung?

Wenn du dich noch einmal entscheiden könntest, würdest du früher, später oder gar nicht mehr heiraten?

14

15

Womit konntest du meine Mutter so richtig glücklich machen?

Warst du bei meiner Geburt dabei?

16

17

Welche Namen hattest du dir
für mich überlegt, bevor ich
auf der Welt war?

18

Was sind die größten Ähnlichkeiten zwischen dir und
meiner Mutter? Worin habt ihr besonders harmoniert?

19

Wenn du an die Unterschiede zwischen euch
denkst – welchen schätzt du am meisten?

20

Was denkst du, womit du bei Frauen punktest?

Was ist das Schönste, das eine Frau jemals für dich getan hat (außer deiner und meiner Mutter)?

21

Wie viele Kinder wolltest du – bevor du Vater wurdest?

22

23

Um welche Gabe, welches Talent hast du meine Mutter schon mal beneidet?

24 **Inwiefern war die Ehe deiner Eltern dir ein Vorbild?**

25

Womit kann dir meine Mutter den letzten Nerv rauben?

26

Womit raubst du ihr den letzten Nerv?

27

Wieso änderst du dich nicht, wenn du doch weißt, dass sie sich so darüber ärgert?

28

Wenn mein Partner/Partnerin sehr viel jünger wäre als ich – sagen wir mindestens 20 Jahre – glaubst du, dass das Zukunft hätte?

IV

Macht es einen Unterschied, ob die Frau oder der Mann der jüngere Partner ist?

29

Ein schöner Tag mit einer Frau – wie sieht der für dich aus?

30

Was denkst du – würde meine Mutter denselben Tag beschreiben? Welche Unterschiede gäbe es?

31

32

Wenn du einen Schauspieler nennen müsstest, dem du dich seelenverwandt oder zumindest äußerlich sehr ähnlich fühlst – welcher wäre das?

Stell dir vor, du wärst blind, also unempfänglich für optische Reize, was denkst du, würde dich dann an einer Frau am meisten faszinieren?

33

Wann muss man eine Ehe für gescheitert erklären? Nenn mir bitte die drei Gründe, die du für die wichtigsten hältst:

34

Was glaubst du, wer hat in eurer Beziehung mehr zurückstecken müssen – du oder meine Mutter?

35

Was wird dir bei Frauen immer ein Rätsel bleiben?

36

37

Wenn du etwas an deiner Familie verändern könntest, was wäre das?

38

Was denkst du, sollte man als Mann eher früh in seinem Leben Vater werden oder eher später?

39

Drei Gründe, die für Kinder sprechen:

40

Drei Gründe, kinderlos zu bleiben:

41

Könntest du jetzt hier sofort Lebensmittel nennen, die meine Mutter besonders mag?

Wenn du die Bedeutung von Sex in einer langen Beziehung beziffern müsstest, würdest du sagen, er macht 10 %, 30 %, 50 % oder 80 % aus?

42

43

Für was müsstest du dich bei meiner Mutter entschuldigen?

44 Gibt es etwas, für das sie sich bei dir entschuldigen sollte?

45 Glaubst du, es ist vernünftig zu heiraten, wenn man sich erst ein halbes Jahr kennt?

Ist Schwangerschaft ein guter Grund zum Heiraten?

46

Zur Erinnerung an die Hochzeit
des Kaufmanns Herrn Conrad Schwarz
mit Fräulein Antonie Hürchner
⚘ 28 April 1900 ⚘

Glaubst du, dass dein Verantwortungsgefühl für meine Mutter, für die Familie dich von Dingen abgehalten hat, die du gern getan hättest? Welche waren das?

47

Was ist dein wichtigster Rat an mich in Liebesangelegenheiten?

48

IV

Gilt der gleichermaßen für Söhne wie für Töchter? Hast du einen anderen für das andere Geschlecht?

49

50

Würdest du es gutheißen, wenn dein Sohn sich von seiner Frau finanzieren ließe?

51

Was ist das Wichtigste, das du von meiner Mutter über Frauen gelernt hast?

52 **Geld, Erziehung, Ordnung, Liebeszuwendungen – über welche dieser Themen hast du dich in deinem Leben am meisten mit meiner Mutter gestritten?**

IV

Was ist dir bis heute in der Ehe erspart geblieben?

53

Wird Romantik überschätzt?

54

55 **Warst du auch manchmal einsam in der Zweisamkeit?**

56

Ist es gut, wenn Männer und Frauen auch mal getrennte Wege gehen?

IV

Was ist das Schönste, das du meiner Mutter jemals geschenkt hast (außer mir natürlich!) **57**

Was ist dir wichtiger bei einer Frau, Humor oder Aussehen? **58**

Hast du schon einmal Liebesbriefe geschrieben? **59**

60 **Was tust du regelmäßig mit meiner Mutter, das dir eigentlich gegen den Strich geht?**

IV

Platz für eigene Bilder, Zeichnungen, Fotos, Kopien . . .

I

II

III

IV

V

VI

VII

Vater-Lieder

Temptations – Papa Was a Rolling Stone

Rainhard Fendrich – Papa

Die Goldenen Zitronen – Hände hoch, Papa

Ton, Steine, Scherben – Ich will nicht werden, was mein Alter ist

Fischmob – Vater will uns sehen

Cat Stevens – Father and Son

Julie London – Daddy

Boney M. – Daddy Cool

Cannonball Adderley – One for Daddy-O

Horace Silver – Song For My Father

James Brown – Papa's Got a Brand New Bag

De la Soul – The Mack Daddy on The Left

Eartha Kitt – My Heart Belongs to Daddy

Violent Femmes – Just Like My Father

Gnarls Barkley – Gone Daddy Gone

Dolly Parton – Daddy Was an Old Time Preacher Man

Dennis Brown – Created By The Father

Lauryn Hill – Forgive Them Father

Nina Simone – My Father

Lieder

Tom Waits – Sins Of My Father

Elton John – Son Of Your Father

Bob Dylan – Father Of Night

George Michael - Father Figure

Chaka Kahn – Father He Said

Morrissey – The Father Who Must Be Killed

Hank Williams – I'm a Long Gone Daddy

The Sons of the Pioneers – My Daddy

Leroy Carr and the Scrapper Blackwell – Papa's On The Housetop

John Hiatt – Dad Did

Elvis Costello – The Only Daddy That'll Walk The Line

Everly Brothers – That Silver Haired Daddy Of Mine

Bobby Blue – Dust Got Into Daddy's Eyes

Jimmy Rodgers – Daddy's Home

Shep and the Limelites – Daddy's Home

Tom Tom Club – Daddy Come Home

Hank Williams – My Son Calls Another Man Daddy

Aphex Twin – Come to Daddy

Neil Young – Old Man

Madonna – Papa Don't Preach

I

II

III

IV

V

VI

VII

Vatertypen

Gelegentlich behaupten Frauen ja, alle Männer seien gleich. Und Cher soll sogar einmal gesagt haben, dass wir alle irgendwie mit demselben Mann verheiratet wären. Das mag stimmen, solange der Mann kinderlos ist. Ist jedoch Nachwuchs im Spiel, zeigen sich einige Unterschiede. Vor allem in der Art, wie ein Mann sein Vater-Plansoll (über-)erfüllt und was er für das jeweils Wichtigste beim Vater-Sein hält:

Der Beschäftigte

Er würde sicherlich furchtbar gerne mehr für Frau und Kinder dasein. Aber wie soll er das machen? Schließlich frisst ihn sein Beruf quasi auf. Er arbeitet nahezu rund um die Uhr, verlässt das Haus bevor die Sonne aufgeht, und wenn sein Tagwerk endlich erledigt ist, ist die Sonne am Horizont längst verschwunden. Damit in seiner nächtlichen Firmenabwesenheit die Geschäftswelt nicht zusammenbricht, nimmt er sich schuldbewusst noch ein paar Akten zur häuslichen Überarbeitung mit. Es gibt Tage, an denen er seine Kinder gar nicht zu sehen bekommt, und Momente, in denen die Kinder die unheimliche Vermutung hegen, ihr Vater sei bloß eine kühne Erfindung der Mutter. Würde man diesen Vater fragen, wie der Klassenlehrer seiner Tochter heißt und mit wem sein Sohn in Karate geht – selbst unter Androhung von Folter müsste der Beschäftigte passen. Schließlich steckt in seinem Kopf schon so viel drin, dass er sich darum nun wirklich nicht kümmern kann. Obwohl er eigentlich gerne möchte und ab und an auch Anflüge von schlechtem Gewissen hat. Dann macht er am Wochenende einen herrlichen Ausflug mit seinen Sprösslingen, radelt mit ihnen um den nahe gelegenen See oder besucht den Zoo. Manchmal ist er an solchen Tagen tatsächlich überrascht, wie groß seine Kinder schon sind und immer dann will er wirklich was ändern.

Der Trainer

Er ist ein wirklich ambitionierter Vater. Er weiß was er will, vor allem von seinem Nachwuchs. Schließlich ist er kein Mann, der irgendwelche x-beliebigen Luschen in die Welt setzt. Seine Gene haben das Zeug zu Höherem. Aber er ist auch ein Mann, der weiß, von nichts kommt nichts. Ohne Fleiß kein Preis. Wer gewinnen will, muss was dafür tun. Und dass seine Kinder auf die Gewinnerseite gehören, ist für ihn mehr als selbstverständlich. Er selbst war, und das könnten seine Kinder auswendig runterbeten, immer oben dabei. Kapitän der Hockeymannschaft, Schulsprecher und selbstredend dermaßen gut in der Schule, dass sämtliche Hochbegabtenstiftungen sich um ihn gerissen haben. Warum er trotz all dieser Fähigkeiten heute Teppichböden verkauft, wird auf ewig sein Geheimnis bleiben. Um sein Ziel zu erreichen, tut der Trainer alles in seiner Macht Stehende. Morgens beim Frühstück geht er mit dem Jüngsten eben mal das Einmaleins durch, und beim Abendessen wird seit neustem Englisch gesprochen. Dass seine Teenie-Tochter am Wochenende gerne bis in die Puppen im Bett rumlungert, missfällt dem Trainer-Vater sehr. Schließlich könnte sie mit ein wenig Ausdauer durchaus doch noch in die Tennismannschaft kommen. Schon deshalb kann er ein solches Müßiggang-Verhalten keinesfalls dulden. Es ist doch nicht zuviel verlangt, mal ein paar Stunden Aufschlag zu trainieren. Immerhin stellt er sich mit ihr auf den Platz. Seine Kinder sind sein Leistungsnachweis. Wie dressierte Äffchen müssen sie Klavier vorspielen, und wenn ihr Name in der regionalen Sportberichterstattung auftaucht, weiß er, dass sich all die Mühe lohnt. Aber solange nach oben noch Luft ist, wird der Trainer nicht zufrieden sein. Bezirksliga oder Bundesliga. Die Richtung ist klar. Der Trainer-Vater sonnt sich im Glanz seiner Kinder. Andere mögen einen Ferrari haben, er hat diese Vorzeigeexemplare. Schlau und begabt, Lichtjahre entfernt von durchschnittlichen Gören. Alles sein Verdienst.

Der Profivater

Kaum zeigen sich die zarten Linien auf dem Schwangerschaftstest, steigt der Profivater mit vollem Elan in seine neue Rolle ein. Er will ein wirklich perfekter Papa sein und dafür ist ihm nichts zu mühsam. Er kauft alles an Literatur, was zu dem Thema je geschrieben wurde, übt Wickeln, als gelte es damit ins Guinness-Buch der Rekorde zu kommen, und leidet schon jetzt bei dem Gedanken, dass er bei allem guten Willen wohl doch nicht stillen kann. Babyschwimmen und PEKiP, Brustentzündung, Stillhütchen, Baumwollwindeln und Dinkelbrei, PDA und Hechelatmung – nichts ist dem Profivater fremd. Natürlich geht er mit zum Elternabend und natürlich kandidiert er für den Elternbeirat. Auf dem Spielplatz hält er den anwesenden Müttern ungefragt einen Vortrag über Pro und Contra der Masernimpfung, und selbstredend ist er darüber informiert, welches Gymnasium für welches Kind am besten ist. Er ist der Vater, der vor der Anschaffung eines Dreirads sämtliche Stiftung-Warentest-Hefte durcharbeitet und schon mal patzig wird, wenn Mutti aus reiner Bequemlichkeit einfach so eine Pizza in den Ofen schiebt. Schließlich weiß er darüber Bescheid, wie entscheidend gute Ernährung ist. Ihm wird man später nichts vorwerfen können. Gründlichkeit und Perfektion sind sein Mantra. Wahrscheinlich schreibt er demnächst auch noch ein Buch. Um anderen zu zeigen wie es geht. Richtig geht.

Der Entertainer/Der Kindskopf

Er ist ein unerschöpflicher Quell der lustigsten Einfälle – eine Art Kreuzung zwischen Ludwig Thomas „Lausbubengeschichten", „Kevin allein zu Haus" und „Monty Python's Flying Circus" – also perfekt für Kinder unter zwölf. Denn von allein wären die niemals auf die Idee gekommen, mal zu schauen was passiert, wenn man Geliermittel in die Toilette kippt, Mamas Enthaarungscremes auf das Meerschweinchen appliziert oder Wetten darauf abzuschließen, wer gewinnt, wenn man die Hauskatze gemeinsam mit dem Schäferhund des Nachbarn in die Garage einsperrt. Vom Kindskopf werden internationale Wettkämpfe im Pupsen und Rülpsen organisiert, am liebsten natürlich vor größerem Publikum, also Kommunions-Kaffeetafeln oder während der Chef seiner Frau nebst Gattin zu Besuch sind. Und natürlich findet er es überhaupt nicht schlimm, wenn sein Kind, um ein Autogramm von Tokio Hotel zu ergattern, etwa 300 Kilometer quer durch die Republik fährt. Kurz: Er ist ein Traumvater und eigentlich gibt es nur drei Trübungsfaktoren: Erstens, dass die Mutter seines Sprösslings so gar nicht dankbar dafür ist, dass sie mit nur einer Geburt gleich zwei Kinder bekommen hat, wovon eines leider schon volljährig war, und also nicht mehr mit Taschengeldentzug und Hausarrest zu beeindrucken ist. Zweitens, dass selbst Bestleistungen in Fächern wie „Wasserbombenbau" oder „Bettenweitsprung" beim Abitur nicht anerkannt werden und drittens die Halbwertzeit des Entertainers. Die ist schon deshalb ziemlich kurz, weil Kinder ab 16 nur noch mäßig Spaß an ihrem Peter-Pan-Vater haben und deshalb schon mal sagen: „Den kenn ich nicht", wenn ihr Erzeuger sie auf dem Bonanza-Rad von der Schule abholen will.

Der Nebendarsteller

Windelnwechseln, Hausaufgabenbetreuen, Vorlesen, Spielen – er würde liebend gern, aber Mama lässt ihn nicht. Männer, davon ist sie überzeugt, sind einfach nicht dafür gemacht, mit ihrem eigen Fleisch und Blut angemessen umzugehen. Und können deshalb sehr viel falsch machen. Deshalb behandelt die Kindsmutter den Kindsvater auch seit der Schwangerschaft wie eine von Unkenntnis und Gefühlsrohheit verstrahlte emotionale Sondermülldeponie, von der eine geradezu tödliche Gefahr ausgeht. Seitdem er einmal versucht hat, sein eigen Fleisch und Blut zu füttern und dabei mit einem Schrei, als wäre er gerade dabei, es in der Badewanne zu ertränken, von seiner Frau abgehalten wurde, glaubt er das fast auch und hält sich vorsichtshalber im Hintergrund. So bestätigt er, was die Kindsmutter ja sowieso schon ahnte, dass so ein Vater zwar bestens zur Befruchtung, aber ansonsten allenfalls als Nebendarsteller in der Erziehung taugt. Ihm fehlt einfach die Kompetenz, mit zu entscheiden, ob so ein Kind bis zu seinem zehnten Lebensjahr im elterlichen Bett schlafen darf und es unbedingt notwendig ist, es so lange zu stillen, bis es die Knöpfe an der Bluse seiner Mutter selbst öffnen kann. Allenfalls die Höhe des Taschengeldes darf der Nebendarsteller noch bestimmen. Aber nur, weil Mama irgendwo gelesen hat, dass Kinder starke Väter brauchen. Dass der Nebendarsteller von seinen Kindern trotz aller erzwungenen Zurückhaltung innigst geliebt wird, gerade weil er sich in nichts einmischt und von geradezu buddhistischer Gelassenheit ist, macht Mama allerdings schon ziemlich fertig. Deshalb wirft sie ihm in letzter Zeit auch häufiger vor, sie mit der Erziehung der Kinder völlig allein gelassen zu haben. Typisch Mann eben.

Der Patriarch

Er ist der Borgward unter den Vater-Typen, ein Oldschool-Modell, das noch weiß, worauf es bei der Erziehung ankommt: Alles genau so zu machen, wie der eigene Vater und dessen Vater, bis hin zum Proconsul Africanus, der vor 18 Millionen Jahren durch die afrikanische Steppe wanderte und vermutlich auch schon zu seinen Kindern gesagt hat: „Solange du deine Füße unter meinen Tisch stellst ..." Der Patriarch legt Wert auf Regeln, die noch in Keilschrift in Felswände geritzt wurden. Die drei wichtigsten: Väter sitzen IMMER am längeren Hebel. Entscheidungen werden NIEMALS diskutiert und man darf einen Patriarchen allenfalls dann bei der Arbeit oder beim Fernsehen stören, wenn gerade ein Meteorit auf die Erde zurast oder sich ein Kind aus Versehen selbst angezündet hat. Aber nur, wenn es sich vorher nachweislich ausreichend bemühte, den Feuerlöscher allein zu finden. Allerdings gibt es gerade beim Typ „Patriarch" sehr viele Abstufungen. Angefangen beim Modell „Diktator", in dessen Haushalt Angstschweiß die vorherrschende Duftnote ist und Kinder auf die Frage „Wo wohnt Gott?" mit „Im Wohnzimmer" antworten, bis hin zur Light-Version, den Ben Cartwrights, Captain Kirks und John Waltons der Erziehungsberechtigten, die ihren kleinen Familienbetrieb mit milder Strenge leiten und eigentlich ganz verträglich sind. Jedenfalls solange man ihnen die Fernbedienung nicht aus der Hand nimmt und ihnen nicht widerspricht, wenn sie behaupten, die Hauptstadt der Elfenbeinküste sei Abidjan und der beste Fußballverein der FC Bayern München.

Richtungs
fragen

Das Ein-Mann-Kompetenz-Team

„Direkt nach Gott im Himmel kommt Papa", zeigte sich schon Wolfgang Amadeus Mozart beeindruckt von der väterlichen Allwissenheit. Und auch heute noch heißt es „Frag deinen Vater!", wenn die großen Rätsel des Lebens wie „Warum fallen Wolken nicht runter?" oder „Wenn eine Kuh lacht – kommt dann auch Milch aus ihrer Nase?" oder „Was macht das Licht im Kühlschrank, wenn die Tür zu ist?" fachgerecht gelöst werden wollen.

Für irgendwas muss es ja gut sein, dass Männer sich immer dann hinter Spiegel, Focus, Kicker und Tagesthemen verkriechen, wenn man genauso gut mal eben den Abwasch machen oder den Keller aufräumen könnte. Natürlich nur, um ihren Wissensstand immer auf der Höhe der Zeit zu halten. Falls die Regierung mal anruft und sagt: „Hören Sie zu, wir haben da ein kleines Problem mit China. Sie kennen sich doch aus. Was sollen wir tun?" Und hat nicht schon der Vater des Vaters und dessen Vater und wiederum dessen Vater getan, was ein Mann tun muss: seinem Kind die Welt erklärt? Außerdem haben Frauen spätestens nach dem ersten Kind viel zu viel zu tun, um zu allem anderen noch täglich den Mann für seine intellektuelle Überlegenheit – „Was du alles weißt!", „Das hätte ich nie gedacht!" – so enthusiastisch zu belobigen, als hätte er gerade die Probleme mit dem Weltfrieden gelöst. Da ist es praktisch, hat man einen 3-Jährigen oder eine 4-Jährige im Haus, die einem mit einer Ehrfurcht an den Lippen hängen wie weiland das Volk Israel an denen von Moses, als er die Zehn Gebote verlas. Denn natürlich ist auf der ganzen Welt niemand schlauer als der eigene Papa.

Jedenfalls so lange, bis Kinder selbst nachlesen können, dass Lance Armstrong leider nicht der erste Mensch auf dem Mond war, es auch nicht stimmt, dass Hannibal den Taunus auf Ponys überquerte oder Postaktien eine optimale Geldanlage sind. Darunter leidet der Ruf der Unfehlbarkeit zwar eine Zeit lang empfindlich. Vor allem in den Jahren, in denen man sich von Eltern nicht mal die Uhrzeit sagen lassen kann, ohne sich gleich bevormundet zu fühlen. Doch spätestens wenn man ein paar Jahre lang Gelegenheit hatte, seine Fehler ganz allein zu machen, begreift man endlich, dass es beim väterlichen Rat gar nicht allzu sehr auf die Antworten ankommt, sondern darauf, dass immer einer da ist, den man fragen kann.

01

Drei Menschen, denen du im Himmel gern begegnen würdest:

02

Was glaubst du, wer hat es leichter im Leben – Junge oder Mädchen?

03

Wofür lohnt es sich, erwachsen zu werden?

04

Drei Dinge, die einem fehlen, wenn man erstmal über 30 ist?

I

II

III

IV

V

VI

VII

05

Das schlimmste dir bekannte
Schimpfwort?

Das Erste, was du bei
einem Wohnungsbrand
retten würdest?

06

07

Wenn du mit einer Zeitmaschine in
jede beliebige Ära reisen könntest –
bei welchem historischen Ereignis
wärst du gern live dabei?

Die größte Heldentat deines Lebens?

08

09

Was würdest du zuerst
tun, wenn du einen Tag
lang eine Frau wärst?

Wenn du einen Tag lang unsichtbar sein könntest?

10

11

Wenn du einmal alles von dir erzählen würdest –
auch noch das letzte Geheimnis, was denkst du,
würden wir dich mehr oder weniger mögen?

12

Auf welche Leistung in deinem
Leben bist du besonders stolz?

 +    +

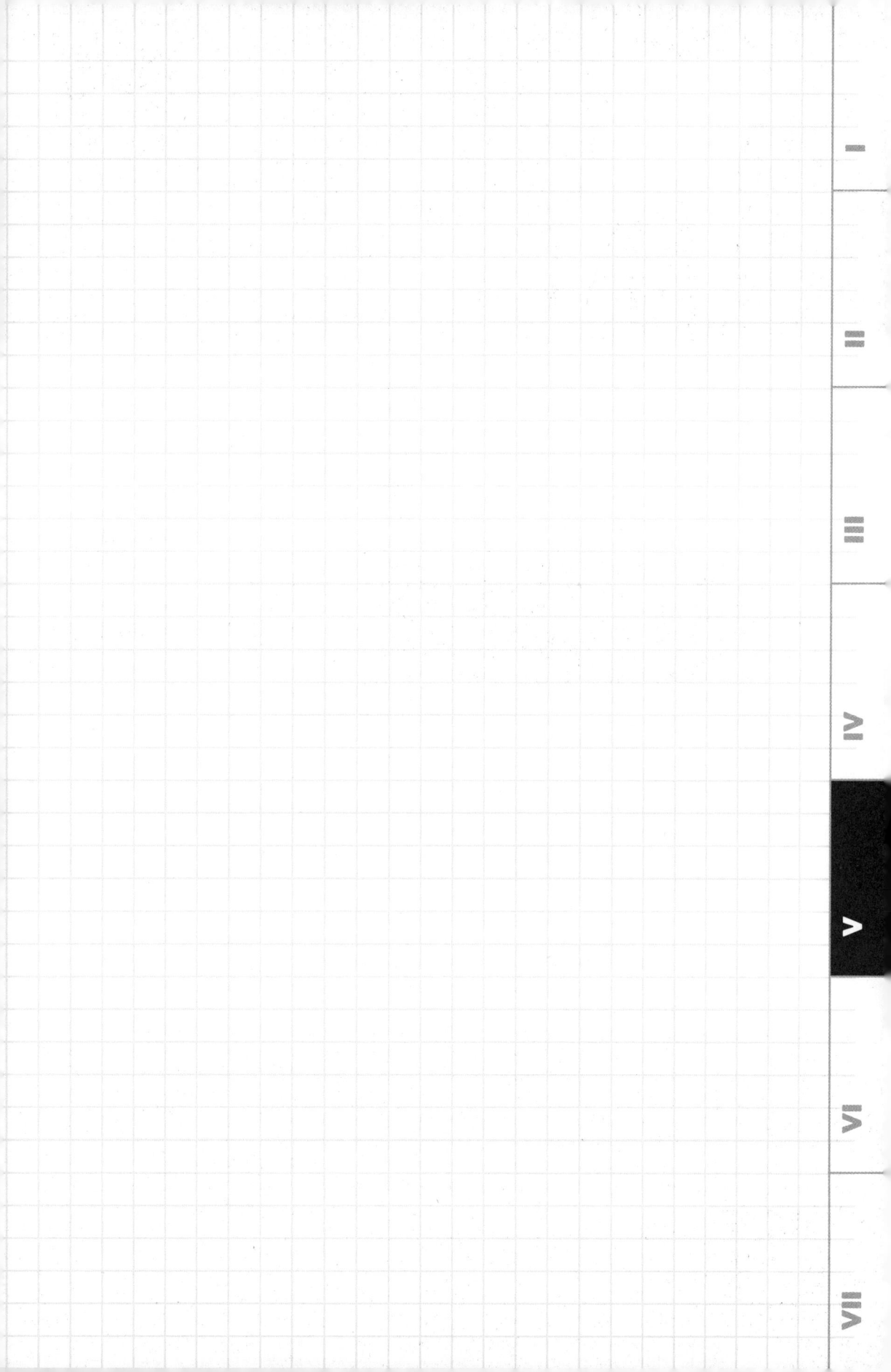

13

Was war die schmerzhafteste Erfahrung?

Die aufregendste?

14

15

Auto, Fernsehen, Telefon – worauf könntest du am ehesten für ein halbes Jahr verzichten?

Könntest du mit einer Frau leben, die doppelt so viel verdient wie du?

I

II

III

IV

V

VI

VII

17 Geiz, Arroganz, Unzuverlässigkeit – welche dieser drei Eigenschaften stört dich an anderen am meisten?

18 Was würdest du anders machen, bekämst du die Chance, dein Leben noch einmal zu führen:

19 Wenn du es dir aussuchen könntest, hättest du lieber eine Frau, die doppelt so klug oder nur halb so klug wäre wie du?

20 Stell dir vor, du müsstest noch einmal für ein Jahr eine Schule besuchen – könntest dir aber den Unterrichtsstoff frei wählen – was würdest du gern lernen?

I

II

III

IV

V

VI

VII

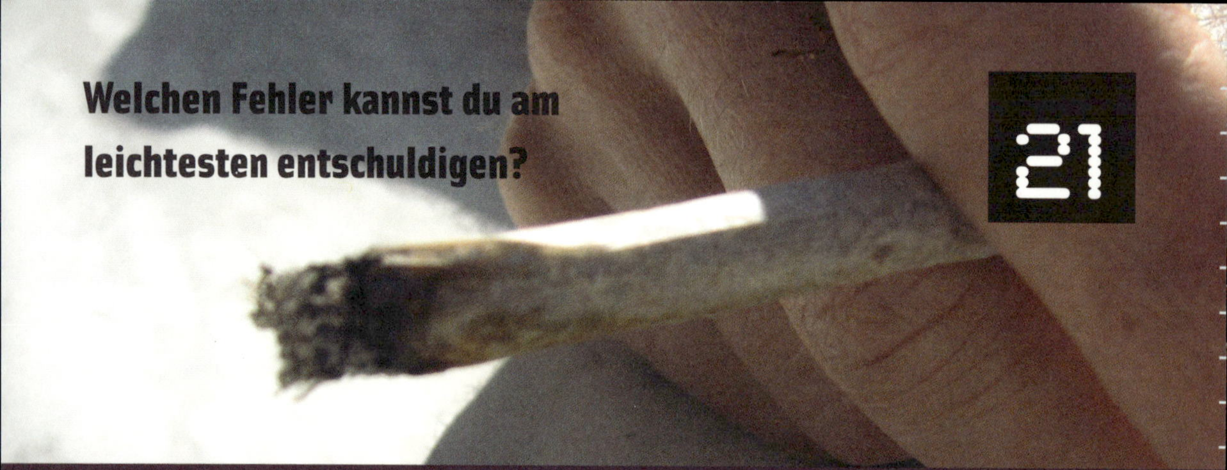

Welchen Fehler kannst du am leichtesten entschuldigen?

21

Welchen findest du unverzeihlich?

22

23

Was in deinem Leben bereust du am meisten?

Glaubst du an Gott?

24

I

II

III

IV

V

VI

VII

Was ist das Netteste, das jemals jemand über dich gesagt hat?

25

26

Wenn du ein halbes Jahr lang das Gleiche und nur das essen müsstest, welche Mahlzeit würdest du wählen?

Wenn du irgendetwas an deinem Aussehen ändern könntest, was wäre das?

27

Wenn du entweder wahnsinnig attraktiv oder sehr schlau oder sehr stark oder sehr reich sein könntest – für welche Option würdest du dich entscheiden?

28

V

Wenn es dir nicht gut geht, wen hast du dann am liebsten in deiner Nähe oder bist du lieber allein?

29

Die drei meist überschätzten Personen des öffentlichen Lebens?

30

Die drei am meisten unterschätzten Personen?

Welches war die stärkste Droge, die du in deinem Leben genommen hast?

32

33

Ab wann, denkst du, ist man alt? Und woran erkennt man, dass man alt ist?

Werden wir immer schlauer oder immer dümmer?

34

35

Angenommen, ein dir sehr nahe stehender Mensch verursacht einen schlimmen Autounfall mit Schwerstverletzten und begeht Fahrerflucht. Würdest du ihn anzeigen?

Ist ein Seitensprung, von dem niemand erfahren würde, schon ein Betrug?

Worin besteht deiner Meinung nach der Betrug bei einem Seitensprung? Um was wird man da eigentlich betrogen?

37

Wem gibst du eher Geld: einem älteren Obdachlosen, der offenbar alkoholkrank ist und dir erzählt, wie er in diese Lage gekommen ist, oder einem jungen Drogenabhängigen? Oder gibst du beiden nichts?

38

39

Würdest du für garantierte zehn Jahre mehr Lebenszeit ein halbes Jahr lang Frauenkleider tragen?

Wenn du nur dann Fleisch bekämst, wenn du es selbst schlachtest, würdest du dann lieber verzichten?

40

Ja oder Nein

Astrologie

Frauenfußball

 Abtreibung

Todesstrafe

45

 **Zölibat**

Doppelte Staatsbürgerschaft

46

47

 **Künstliche Befruchtung**

48

Tempo 100 auf Autobahnen

 **+ −** **Sterbehilfe**

 **50**

Schwulenehe + −

 + − **50 Prozent Frauen in den Chefetagen der deutschen Wirtschaft**

51

Deutsche Soldaten in Afghanistan + −

 **52**

+ − **Wahlrecht für Jugendliche**

Organspenden **+ −**

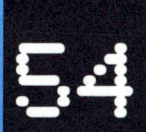

+ − **Pornographie**

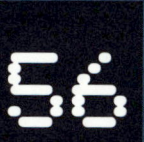

Reproduktives Klonen **+ −**

Krankheitsfragen

Gibt es in deiner Familie folgende Erkrankungen
(bitte schreib auf, welche Verwandten jeweils
unter den genannten Krankheiten litten):

Krebs (welcher?)

Multiple Sklerose

Alzheimer

Diabetes

Herz- und Kreislauferkrankungen

I

II

III

IV

V

VI

VII

Altersfragen

Wo möchtest du im Alter leben?

58

59

Wer soll dann bei dir sein?

Hast du irgendeine Art von Vorsorge getroffen?

I

II

III

IV

V

VI

VII

61

Falls du ein Testament, eine Patientenverfügung oder Ähnliches hast – wo ist das jeweils hinterlegt?

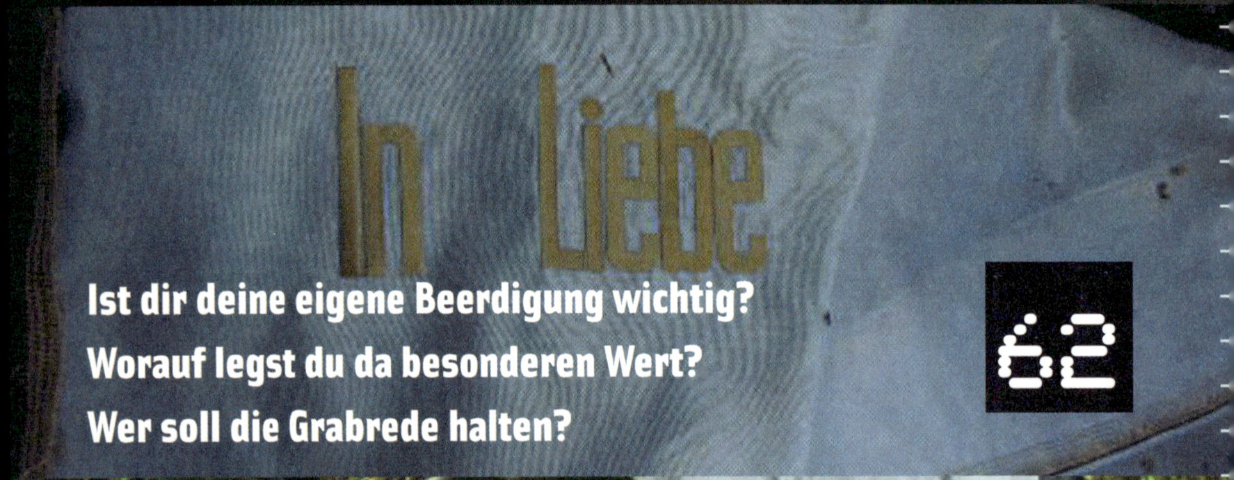

In Liebe

Ist dir deine eigene Beerdigung wichtig? Worauf legst du da besonderen Wert? Wer soll die Grabrede halten?

62

63

Möchtest du eine Feuer- oder eine Erdbestattung?

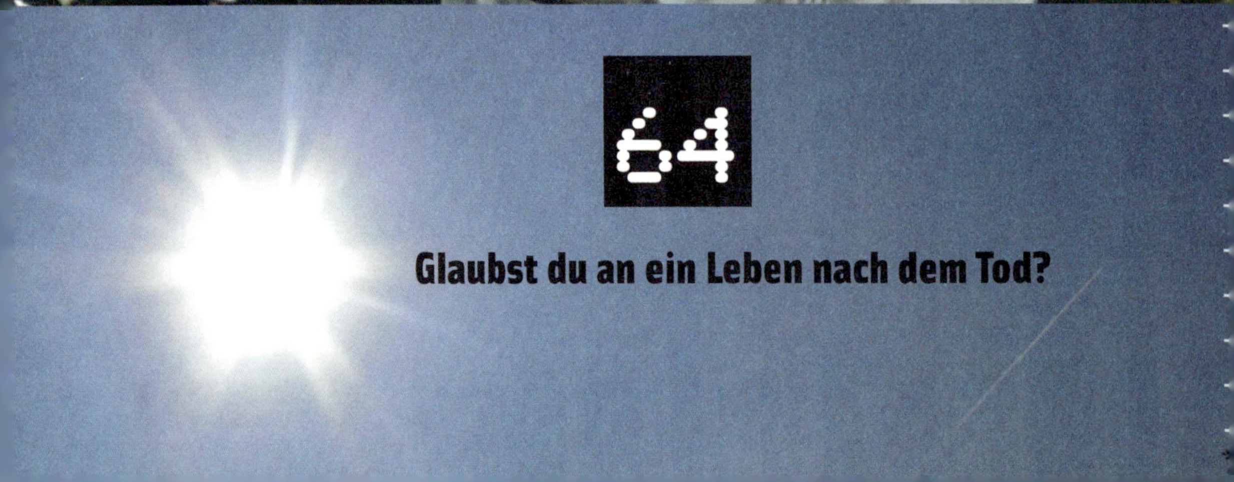

64

Glaubst du an ein Leben nach dem Tod?

V

Vater an Bord

Eine Reise in den Siebzigern – ab in den Süden. Die Logistik war alles und für die Logistik war selbstverständlich Papa zuständig. Das Auto wurde strategisch beladen. Mit gewichtiger Miene probierte Papa verschiedene Varianten und markierte ausgeklügelte Reiserouten in dicken Straßenkarten, plante Tankstopps und suchte nach idyllischen Rastplätzen. Nichts wurde dem Zufall überlassen. Mit dergleichen Akribie widmete sich Mama dem Catering für die Reise. Belegte Brote, gerne mit Kalbsleberwurst und Salami, Apfelschnitzen und zur Abrundung des Proviants wurden Eier hart gekocht.

Die Eltern hatten ihre Thermoskanne mit Kaffee, für uns Kinder gab es Wasser. Wenn die Luftmatratze auf dem Dach festgeschnallt war, konnte es losgehen. Meistens wurde mitten in der Nacht gestartet. Vielleicht weil die Eltern gehofft haben, dass man dann wenigstens bis zur ersten Grenze schläft und nicht schon nach etwa fünfzehn Kilometern das erste Mal: „Wie weit ist es denn noch?" oder „Sind wir bald da?" fragt. Niemand war angeschnallt, eine Freundin hat mir sogar erzählt, dass sie oft auf der Hutablage des Autos ein kleines Schläfchen gemacht hat. In der Hoffnung, durch die Heckscheibe so schon die erste zarte Bräunung zu bekommen. Die Fahrt in den Urlaub Richtung Süden wurde meist schon kurz hinter Aschaffenburg jäh gestoppt. Einer war spätestens dann immer schlecht. Meistens meiner mittleren Schwester. Wenn es gut lief, landete nichts im Auto. Leider lief es oft schlecht. Papa meckerte ein bisschen und Mama konnte versuchen das Malheur wieder zu beseitigen. War sie damit fertig, kam Papa und spritzte eine ordentliche Ladung Kölnisch Wasser über den Ort des Vergehens. Dieser 4711-Duft verband sich mit dem Geruch der speziellen Papa-Bonbons aus der Metalldose, englische Drops bestäubt mit ein wenig Puderzucker, die Papa brauchte um im Auto nicht Kette zu rauchen. Auch das Auto hatte einen ganz bestimmten Geruch und diese Kombi sorgte dafür, dass garantiert noch mindestens einem weiteren Kind übel wurde. Unterwegs spielten wir Autospiele. Kennzeichenraten war beliebt. Der absolute Renner allerdings war das Tierratespiel. Jeder bekam eine Seite der Straße zugeteilt und wer mehr Tiere sah, hatte gewonnen. Was einfach klang, führte mit hundertprozentiger Sicherheit zu Ärger. Zählt ein Schwarm Vögel als ein Tier? Was ist mit der Schafherde? Gelten Straßenschilder, in deren Namen sich Tiernamen verbergen? Wenn der Streit kurz vor der Eskalation war, wurde meist Pause gemacht. Raus am Rastplatz, alle mal im Gebüsch Pipi machen und dann war Mamas Auftritt. Sie packte ihr Körbchen aus und Papa erklärte uns die Gegend. „Soll ich mal fahren?", fragte Mama regelmäßig, und Papa sagte ebenso regelmäßig: „Lass mal, ich mach das schon." So las Mama die Karte, reichte Taschentücher und versuchte schlimme Schlägereien zwischen den Kindern zu unterbinden.

Hatte man endlich die italienische Grenze erreicht, fragte Papa immer: „Haben wir die Pässe" und Mama zog ihren Trumpf. Wenn die Grenzpolizisten in den Wagen geschaut hatten und wenigstens ein Zöllner „ciao Bella" zu Mama gesagt hatte, dann erst kam wahre Urlaubsstimmung auf. Schließlich waren wir jetzt fast da. In Italien. An der Adria. Am Meer. Und wieder mal hatte Papa alles gemeistert. Unser Held der Straße.

Die berühmtesten TV-Väter

Dan Conner (Roseanne)

Gomez Addams (Die Addams Family)

Ozzy Osbourne (Die Osbournes)

Ray Barone (Alle lieben Raymond)

Mike Brady (Die Brady-Familie)

Charles Ingalls (Unsere kleine Farm)

Tony Soprano (Die Sopranos)

Ben Cartwright (Bonanza)

Fred Feuerstein (Die Feuersteins)

Heathcliff Huxtable (Die Bill Cosby Show)

Homer Simpson (The Simpsons)

Al Bundy (Eine schrecklich nette Familie)

Sandy Cohen (O.C., California)

Tony Micelli (Wer ist hier der Boss?)

Maxwell Sheffield (Die Nanny)

Porter Ricks (Flipper)

Jack Bristow (Alias)

John Walton (Die Waltons)

Max Oldendorf (Vater wider Willen)

Otto Buchner (Forellenhof)

Hans Beimer (Lindenstraße)

Babba Hesselbach (Die Hesselbachs)

Kurt Scholz (Die Unverbesserlichen)

Werner Schumann (Ich heirate eine Familie)

Fern sehen

Die größten Lügen von Vätern:

Das tut mir viel mehr weh als dir.

Wir haben uns nicht verlaufen.

Ich sag's nur einmal.

Die Schulzeit ist die schönste Zeit des Lebens.

Dabei sein ist alles.

Du kannst es mir ruhig sagen. Ich werde dir nicht böse sein . . .

Nicht für die Schule, sondern für das Leben lernen wir.

Dein Meerschweinchen ist jetzt an einem besseren Ort.

Du kannst mir ALLES erzählen.

Das ist nur zu deinem Besten.

Das ist das schönste Geschenk, das ich je bekommen habe.

Nein, es hat niemand für dich angerufen.

Dafür haben wir kein Geld.

Rund

um den

Alltag

Rund um den Alltag

Sich mit Vätern den Alltag zu teilen war für die meisten Kinder lange fast schwerer als beispielsweise an einen eigenen Elefanten zu kommen. Schließlich war so ein klassischer Vater vor allem Alleinernährer und Hauptverdiener und verspürte also noch bevor das Kind überhaupt auf der Welt war, wie die Verantwortung für die Familie schwer auf seinen Schultern lastete. Kaum war man auf der Welt, eilte Papa also flugs ins Büro, in die Fabrik oder in die Werkstatt, um dort für die nächsten 20 Jahre mehr Zeit im Job zu verbringen als ohne Nachwuchs. Womit genau, das erfuhr man als Kind kaum. Bloß, dass es sehr wichtig und sehr anstrengend sein musste, weil Vati daheim mehr Schonung und Rücksicht brauchte als Hans Castorp im Sanatorium. „Sei leise, Papa schläft!" oder „Er braucht eben seine Ruhe" oder „Sie kommen in der Firma einfach nicht ohne ihn aus", hieß es dann. Und man überlegte sich, dass es etwas sehr Gewaltiges sein muss, das einen Vater daran hindert, einem aus der Schatzinsel vorzulesen, Halma zu spielen oder die Rollschuhe zu reparieren. Vielleicht war er ja wie James Bond in geheimer Mission für die Regierung unterwegs? Arbeitete wie Robin Hood zwischen 8 und 18 Uhr – manchmal auch samstags – als Retter der Armen und Entrechteten? Möglicherweise bewahrte er auch wie Commander Cliff Allister McLane mit seinem Raumschiff Orion die Welt einmal die Woche vor der feindlichen Übernahme durch die Frogs, um in der restlichen Zeit entweder die Laserwaffen oder den Hyperantrieb instand zu setzen. Kurz: Mit Vätern verhielt es sich, wie Emma Bombeck einmal schrieb, wie mit dem Licht im Kühlschrank. Jeder hatte einen – aber niemand wusste, was sie taten, wenn sich die Tür hinter ihnen erst mal geschlossen hatte. Da genügte es nicht, dass der Deutsche Gewerkschaftsbund 1956 ein Machtwort sprach und sagte, „Samstag gehört Vati mir!", weil Vati gerade Samstag oft ja auch mit besonders wichtigen Dingen wie etwa der Bundesliga oder dem Polieren seiner Autofelgen beschäftigt war. Am Sonntag saß man dann zwar an einem Tisch und machte außerdem auch noch einen Sonntagsspaziergang. Aber da wurde auch nicht viel gesprochen. Jedenfalls nicht genug, um den Tatbestand des Alltag-Teilen zu erfüllen. Glücklicherweise hat der Alltag keine Altersbegrenzung. Man hat immer einen. Kann ihn also jederzeit teilen. Am besten: Jetzt gleich.

Um wie viel Uhr bist du heute morgen aufgestanden?

01

Dein Lieblingsfrühstück?

02

03

Liest du beim Frühstück Zeitung oder schaust du fern?

Wovon handelte dein letzter Traum?

04

VI

05

Worüber hast du das letzte Mal so richtig herzlich gelacht?

Die für dich schönste Methode, dir die Zeit zu vertreiben?

06

07

Mit wem hast du heute zuletzt gesprochen und worüber?

Hast du ein Lebensmotto?

08

09

Was hat dich in letzter Zeit traurig gemacht?

10

Was glücklich?

Gehört Sport zu deinem Alltag?

11

12

Was liest du gerade?

Deine letzte Aktivität im Haushalt?

13

Was liegt auf deinem Nachtschränkchen?

14

15

Was kochst du am besten?

16

Was muss immer im Kühlschrank sein?

I

II

III

IV

V

VI

VII

17 Hast du gern Gäste?

18 Das Letzte, das du selbst repariert hast?

19 Wann hast du das letzte Mal geweint und weshalb?

20 Wann gehst du in der Regel ins Bett?

I

II

III

IV

V

VI

VII

21 Weißt du auf Anhieb, wo in deiner Wohnung sich gerade der Handfeger befindet?

Wann warst du das letzte Mal beim Arzt? **22**

23

Lässt du manchmal das Telefon klingeln, ohne dranzugehen?

In welcher Kleidung fühlst du dich am wohlsten?

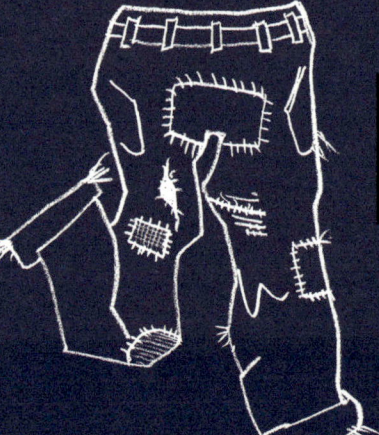

24

I

II

III

IV

V

VI

VII

Dein Lieblingsgeschäft?

25

26

Schlägt dir das Wetter auf die Laune?

Sammelst du etwas?

27

Was ist unter deinem Bett?

28

29 Wer ist dein bester Freund?

30 Mit wem – außer deiner engsten Familie – hast du den meisten Kontakt?

31 Bist du gern allein?

32 Sprichst du manchmal mit dir selbst?

I

II

III

IV

V

VI

VII

Bügelst du?

33

Wie lange brauchst du morgens im Bad?

34

35

Welche Dinge im Haushalt kannst du besser als deine Frau?

36

Gehst du wählen?

ALLPARTEIEN KOALITION !
SPD·CDU·CSU·FDP·Grüne
Vertrauen in Deutschland.

STIMMVIEH
Her zu uns!

KRAFTVOLL.
MUTIG.
MENSCHLICH.

I

II

III

IV

V

VI

VII

37 Bist du in einem Verein?

38 Gehst du lieber ins Konzert, ins Kino oder einfach ein Bier trinken?

39

Welche DVD hast du zuletzt gekauft?

AUGUST 1981

Montag	Dienstag	Mittwoch	Donnerstag	Freitag	Samstag	Sor
	1	2	3	4	5	

Welcher Tag der Woche ist dir der liebste?

| 7 | 8 | 9 | 10 | 11 | **40** | |
| 14 | 15 | 16 | 17 | 18 | 19 | |

Schläfst du bei geschlossenen oder mit offenen Fenstern?

41

Trägst du Hausschuhe?

42

Wo machst du gern Ferien?

LENTINI

43

44

Was ist der schönste Ort, an dem du jemals warst?

Wo willst du unbedingt noch einmal hin?

45

Wohin gehst du am liebsten essen?

46

Wo in deiner Wohnung hältst du dich am liebsten auf?

47

48

Hast du feste Freizeit-Termine in der Woche? Welche sind das?

I

II

III

IV

V

VI

VII

49

Was tust du am liebsten nur mit Männern?

Wofür hast du dich das letzte Mal so richtig herausgeputzt?

50

Machst du das allein oder bekommst du deine Kleidung zurechtgelegt?

51

52

Wer kauft deine Unterwäsche?

VI

Wann hast du das letzte Mal das Bad geputzt?

53

Wer hat die Herrschaft über die Fernbedienung?

54

Was schaust du dir auf keinen Fall im Fernsehen an?

55

56

Zeigst du, wenn es dir schlecht geht?

VII

57

Kennst du den Unterschied zwischen
Wolle und Baumwolle?

Liest du auf der Toilette?

58

59

Wem hast du zuletzt länger als eine halbe Stunde zugehört?

Mit wem kannst du am
besten schweigen?

6o

61

Legst du heute mehr oder weniger Wert auf deine Erscheinung als vor zwanzig Jahren?

Was ist das letzte Schöne, das du mit einem Freund erlebt hast?

62

63

Wann hast du wem das letzte Kompliment gemacht? Wofür?

64

Auf was bist du neugierig?

I

II

III

IV

V

VI

VII

Daddy´s Dearest II

»

Spare im Guten, dann hast du es im Schlechten

Mit vollen Hosen ist gut stinken

In der Not schmeckt die Wurst wie Brot

WENN ES AM SCHÖNSTEN IST, SOLLTE MAN GEHEN

Unkraut vergeht nicht

Das Bessere ist der Feind des Guten

Zeit ist Geld

Versuch macht klug

Erst die Arbeit, dann das Vergnügen

Fallen ist keine Schande, aber liegen bleiben

Dummheit und Stolz wachsen aus einem Holz

Es ist noch kein Meister vom Himmel gefallen

Das Leben ist kein Ponyhof

Ein Kamel macht sich nicht über den Buckel eines anderen lustig

Holzauge sei wachsam

Der Ton macht die Musik

Durst ist schlimmer als Heimweh

Hilf dir selber, dann ist dir geholfen

Mädchen, die pfeifen, und Hühnern, die krähen, sollte man beizeiten

den Hals umdrehen

Sich regen bringt Segen

Was du heute kannst besorgen, das verschiebe nicht auf morgen

Wer nicht will, der hat schon

Ein paar Schläge auf den Hinterkopf

fördern das Denkvermögen

«

Daddy's

65

Und deine Lieblingsweisheiten?

Dearest 2

Platz für eigene Bilder, Zeichnungen, Fotos, Kopien . . .

I

II

III

IV

V

VI

VII

Väter von Promi nenten

Was die Väter von Prominenten vermutlich zu ihren Kindern gesagt haben:

Der Vater von Boris Becker: »Das hatte ich eigentlich nicht gemeint, als ich sagte: Platz ist in der kleinsten Hütte.«

Der Vater von Rainer Calmund: »Du solltest DEINEN Teller leeressen, nicht auch meinen, den von deiner Mutter, von deinen Geschwistern und von deinen Freunden . . .«

Der Vater von Hannibal: »Ich habe dir doch ausdrücklich gesagt: keine Haustiere!«

Der Vater von Isaac Newton: »Habe ich dir nicht gleich gesagt, der Apfel fällt nicht weit vom Stamm?«

Der Vater von Maria: »Mir egal, ob das Kind von Gott ist. Will er dich wenigstens heiraten?«

Der Vater von Joseph Beuys: »Mit Lebensmitteln spielt man nicht! Weißt du eigentlich, was so ein Pfund Butter kostet?«

Der Vater von Harald Schmidt: »Was findest du eigentlich an diesem Pocher? Ist der nicht etwas zu jung für dich? Oder gibt es da was, das ich wissen sollte . . .«

Der Vater von Angela Merkel: »Es interessiert mich nicht, ob der Weltsicherheitsrat erst um 22 Uhr tagt – du bist um 21 Uhr daheim!«

Der Vater von Vivian Westwood: »So gehst du mir nicht aus dem Haus! In diesen Fetzen lassen sie dich ja nicht mal an eine Supermarktkasse.«

Der Vater von Melinda French: »So so, Bill Gates heißt er also – was ist denn sein Vater von Beruf?«

Hormone

Hormone und Hirn

Kaum ist die Frau schwanger, zeigen auch viele Männer erste Symptome einer Hormonattacke. Sie bekommen Rückenschmerzen, haben Übelkeitsanfälle und krampfartige Bauchschmerzen und legen ganz ordentlich an Gewicht zu. Bis zum sechsten Schwangerschaftsmonat können sie zumeist locker mit ihrer Partnerin mithalten. Viele leiden nun unter teilweise heftigen Stimmungsschwankungen und einige brauchen sogar therapeutische Hilfe. Woran liegt das bloß? Können sie uns einfach nichts gönnen? Sind sie selbst auf Wasser in den Beinen noch neidisch? Mitnichten, denn das Ganze hat sogar einen Namen. „Couvade-Syndrom", so nennt es sich, wenn Papa in spe auf einmal merkwürdig wird. Die Bezeichnung kommt vom französischen Wort „couver", was so viel heißt wie brüten. In einer großangelegten britischen Studie wurde nachgewiesen, dass bis zu 79% der Männer unter dem Couvade-Syndrom leiden. Hauptursache ist ein veränderter Hormonspiegel. Cortisol und Prolaktin, das Hormon, das bei Frauen für die Milchbildung zuständig ist, gingen hoch und der Testosteronspiegel sank nach der Geburt bei einem Teil der Männer sogar um bis zu einem Drittel. Je niedriger der Testosteronspiegel, umso fürsorglicher waren die Männer mit ihrem Nachwuchs. Allerdings – und auch das sagen alle Studien – schaffen Hormone allein noch keine Fakten. Mann muss schon auch was aus ihnen machen. Woran die hormonellen Veränderungen genau liegen, darüber spekuliert die Wissenschaft noch. Womöglich seien die Geruchsstoffe der Frau dafür verantwortlich. Auch eine These: Die Verhaltensänderungen des Paares, die Vorbereitung auf die Elternschaft lässt die Hormone in Wallung kommen. Übrigens sind zwischen leiblichen Vätern und sozialen Vätern nur geringe hormonelle Unterschiede festzustellen.

Dass Vaterschaft aber noch mehr kann als den Hormonspiegel durchzuschütteln, bewiesen nicht zuletzt die Krallenaffenmännchen. Bei ihnen verändert sich durch die Vaterschaft sogar das Gehirn. Sie haben eine höhere Dichte von Verzweigungen der Nervenzellen im Kortex als kinderlose Männchen. Außerdem bildet ihr Gehirn mehr Rezeptoren für einen Botenstoff, der eine große Rolle für das soziale Verhalten der Eltern spielt. Beim Krallenaffenmännchen führt das etwa dazu, dass es seinen Nachwuchs die Hälfte des Tages mit sich herumträgt. Die Weißbüscheläffchen profitieren noch mehr von der Vaterschaft. Sowohl ihre Gedächtnisleistung als auch ihre Planungsfähigkeit steigen. Mit anderen Worten, sie werden deutlich schlauer. Was uns all das sagen will? Ganz einfach: Auch der Vater hat das Zeug zur Mutti. Was so ein Krallenäffchen drauf hat, sollte doch ein durchschnittlicher Sparkassenangestellter auch hinkriegen. So weit wie manche Naturvölker muss man dabei ja nicht gehen. Dort zieht sich der Mann nach der Entbindung in eine Gebärhütte zurück und windet sich unter Wehenschmerzen (obwohl das für Mütter sicher ein hübscher Gedanke ist).

Wünsche
Träume
Ängste

Wünsche, Träume, Ängste

Was sich Väter wirklich wünschen? Wenn man sie danach fragt, sagen sie gerne: „Brave Kinder" oder „Lass mal Kind, ich habe doch alles, was ich brauche." In Wirklichkeit wäre eine Jahreskarte für die Eintracht oder der Schlüssel fürs Chefklo schon was, mit dem sie zu ködern wären. Und wäre die Bandscheibe noch das, was sie mal war, stünde auch ein schöner 911er Porsche ganz oben auf der Liste. Für ihren Nachwuchs haben Väter oft große Wünsche und Träume und müssen sich im Laufe der Jahre von so einigen verabschieden. Das kann sehr ernüchternd sein. Aber wie soll der Sohn mit acht Dioptrien, damit also kurzsichtig wie ein durchschnittliches Nashorn, Düsenjetpilot werden? Und wie kann die Tochter mit der Mehlallergie die Bäckerei übernehmen? Oft träumen Väter davon, dass ihre Kinder erreichen, was sie selbst auch gerne erreicht hätten. Kann der Bub nicht Anwalt werden oder Arzt? Schließlich hat man doch die vielen Nachhilfestunden nicht dafür bezahlt, dass er jetzt eine Ausbildung zum Kfz-Mechaniker macht. Väter wollen ihren Kindern möglichst viel ersparen, nach dem Motto: „Sei nicht doof, mach doch nicht den gleichen Fehler wie ich!", wissen aber insgeheim ganz genau, dass man seine Erfahrungen selbst machen muss.

Auch der toughste Vater schlägt sich insgeheim mit jeder Menge Sorgen rum. Wird sein Kind ihm das Wasser reichen können? Seine Möglichkeiten ausschöpfen? Steckt in seinem Kind überhaupt genug Potenzial? Ist Fallschirmspringen mutig oder verrückt? Soll man die Trecking-Tour durch die Anden sponsern oder besser kategorisch verbieten?

Häufig fragt er sich, ob er ein guter Vater ist, ob er zu streng oder zu weich ist, ob überhaupt irgendjemand in dieser Familie ihn ernst nimmt und ob er nicht einen ganzen Haufen Idioten großzieht. Wird es seinem Kind schaden, dass er beim Babyschwimmen geschwänzt hat, hätte er doch mehr Mathe-Nachhilfe bezahlen müssen und war es ein Fehler, der 16-Jährigen die Brustvergrößerung abzuschlagen? Fragen, die auch der engagierteste Super-Vater nicht lösen kann.

Schon deshalb gehört das Sich-Sorgen wohl zum Vatersein dazu, so wie das tägliche Gassigehen mit dem Hund.

Was waren deine größten Ängste als Vater?

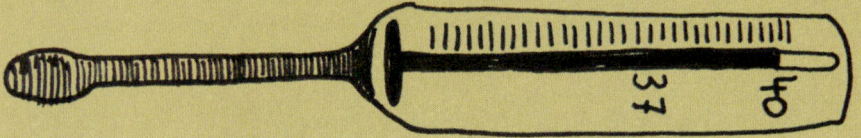

Ist, was du dir für mich gewünscht hast, in Erfüllung gegangen?

02

03

Was glaubst du, fehlt mir noch zu meinem Glück?

Wo denkst du, könnte man noch etwas nachbessern?

04

05 Welche Wünsche würdest du dir gern noch erfüllen?

COL DE L'ISERAN
D 902
ALTITUDE : 2770ᴹ
BONNEVAL-S-ARC
VAL D'ISERE 17
Bᴳ Sᵗ MAUR 50

06 Welche Ziele möchtest du noch erreichen?

Welche Ziele möchtest du noch erreichen?

07

Fünf Dinge, die du mit auf eine einsame Insel nehmen würdest?

Fühlst du dich wohl, dort wo du jetzt bist?

08

Hast du Vorbilder?

09

Was macht dir Angst?

10

11

Fürchtest du dich vor dem Tod?

Mit welchem Geburtstags-Geschenk kann man dir wirklich eine Freude machen?

12

13

Wofür
schämst
du dich?

5 Dinge, die dir an dir gefallen:

14

15

5 Dinge, die dir an mir gefallen:

5 Dinge, die ich besser ändern sollte:

16

VII

17

5 Fragen, die du deiner Mutter gern gestellt hättest:

5 Fragen, die du deinem
Vater gern gestellt
hättest:

18

19

Vervollständige bitte den Satz:
Ein Mann sollte . . .

Vervollständige bitte den Satz:
Eine Frau sollte . . .

20

I

II

III

IV

V

VI

VII

Papa, danke!

Originalausgabe

Erschienen im Krüger Verlag, einem Unternehmen
der S. Fischer Verlag GmbH, Frankfurt am Main
© S. Fischer Verlag GmbH, Frankfurt am Main 2008
Bilder und Gestaltung: Katja Clos, Berlin
Druck und Bindung: Kösel, Krugzell
Printed in Germany 2008
ISBN 978-3-8105-0677-1

Impressum